· 北京 ·

# 国家创新指数报告 | 2022—2023

中国科学技术发展战略研究院 著

科学技术文献出版社
SCIENTIFIC AND TECHNICAL DOCUMENTATION PRESS
· 北京 ·

图书在版编目（CIP）数据

国家创新指数报告 . 2022—2023 / 中国科学技术发展战略研究院著 . —北京：科学技术文献出版社，2023.10
ISBN 978-7-5235-0516-8

Ⅰ . ①国… Ⅱ . ①中… Ⅲ . ①国家创新系统—研究报告—中国—2022 Ⅳ . ① F204 ② G322.0

中国国家版本馆 CIP 数据核字（2023）第 141337 号

## 国家创新指数报告2022—2023

| 策划编辑：李 蕊 郝迎聪 责任编辑：王 培 责任校对：王瑞瑞 责任出版：张志平 |

| | |
|---|---|
| 出 版 者 | 科学技术文献出版社 |
| 地 址 | 北京市复兴路15号　邮编 100038 |
| 编 务 部 | （010）58882938，58882087（传真） |
| 发 行 部 | （010）58882868，58882870（传真） |
| 邮 购 部 | （010）58882873 |
| 官 方 网 址 | www.stdp.com.cn |
| 发 行 者 | 科学技术文献出版社发行　全国各地新华书店经销 |
| 印 刷 者 | 北京时尚印佳彩色印刷有限公司 |
| 版 次 | 2023年10月第1版　2023年10月第1次印刷 |
| 开 本 | 889×1194　1/16 |
| 字 数 | 202千 |
| 印 张 | 7.5 |
| 书 号 | ISBN 978-7-5235-0516-8 |
| 定 价 | 86.00元 |

版权所有　违法必究

购买本社图书，凡字迹不清、缺页、倒页、脱页者，本社发行部负责调换

# 国家创新指数报告 2022—2023

## 编辑委员会

**主　任：** 刘冬梅　　张　旭

**副主任：** 郭　戎

**委　员：** 玄兆辉

---

## 编写组

**组　长：** 玄兆辉　　陈　钰

**成　员：**（以姓氏笔画排序）

马艺方　　玄兆辉　　刘辉锋　　孙云杰　　杨康康

肖新宇　　陈　钰　　陈　培　　郑君健　　胡　月

袁立科　　韩佳伟　　谭天骄

# 前 言

创新是引领发展的第一动力。当前，世界新冠感染疫情影响广泛深远，经济复苏面临严峻挑战，地区冲突、气候变化加剧全球危机。科技创新成为世界各国谋发展、促转型，合作解决全球性挑战的重要途径和方法。中国把创新摆在国家发展全局的核心位置，大力实施创新驱动发展战略。2006年，《国家中长期科学和技术发展规划纲要（2006—2020年）》提出"提高自主创新能力、建设创新型国家"的战略目标。2016年，《国家创新驱动发展战略纲要》确定了我国"进入创新型国家行列、跻身创新型国家前列、建成世界科技强国"的三步走战略目标。在此基础上，党的十九大进一步作出加快建设创新型国家和世界科技强国的战略部署。党的二十大将教育、科技、人才三大战略进行统筹部署，强调必须坚持科技是第一生产力、人才是第一资源、创新是第一动力，深入实施科教兴国战略、人才强国战略、创新驱动发展战略，开辟发展新领域新赛道，不断塑造发展新动能新优势。

为了监测和评价创新型国家建设进程，中国科学技术发展战略研究院从2006年起开展了国家创新指数的研究工作。在科技部领导、有关司局、事业单位和各界专家学者的支持和帮助下，《国家创新指数报告》自2011年以来已经发布了11期。根据《国家创新调查制度实施办法》的部署要求，《国家创新指数报告》是国家创新调查制度系列报告之一，是国家层面创新能力评价报告。研究显示，中国综合创新能力国际排名从2006年的第25位上升至2021年的第13位，创新型国家建设取得决定性成就。报告相关结果为政府和学界客观认识我国创新发展水平提供了基本依据。

《国家创新指数报告 2022—2023》是本系列报告的第12期。报告借鉴国内外关于国家竞争力和创新评价等方面的理论与方法，从创新资源、知识创造、企业创新、创新绩效和创新环境5个方面构建了国家创新指数的指标体系。国家创新指数由5个一级指标和30个二级指标组成。

当前，中国发展进入新阶段，创新型国家建设朝着跻身创新型国家前列的目标迈进，建设世界科技强国的号角已经吹响。本期报告在上期评价指标体系调整的基础上，进一步优化了创新环境相关指标：一是加强与国际主要报告的可比性，借鉴世界知识产权组织等发布的《全球创新指数》报告采用的国际重要机构开展的调查数据，设置"法治环境""营商的政策环境""市场管制质量"等指标，更加全面地反映国家法治、政策和市场管制环境；二是加强国际合作交流，采用美国康奈尔大学团队的网络就绪指数研究成果，作为国家信息化发展水平的评价依据；三是采用更加稳定的国际调查指标数据，"风险资本可获得性""企业与大学研究与发展协作程度""创业文化"等指标，参考国际上长期开展创新和竞争力评价的报告指标，优化数据来源渠道，建立更加可靠的国际比较指标体系。

本报告继续选用40个科技创新活动活跃的国家（其R&D经费投入之和占全球总量95%以上）作为研究对象；采用国际上通用的标杆分析法测算国家创新指数；所用数据均来自各国政府或国际组织的数据库和出版物，具有国际可比性和权威性。报告以2020年的统计调查数据为基础（正文中如无特别说明，指标值均为2020年数据，中国数据暂不包括港澳台地区）。

需要特别说明的是，由于指标体系的系统调整，本期国家创新指数排名与之前年份的指数排名结果不宜直接比较。如无特别说明，报告中关于"比上年排名上升（下降）"的分析，均为与新指标体系测算的上年结果比较。

监测与评价中国创新能力的变化，分析中国与世界科技强国及主要创新型国家之间的差距，需要不断探索和深入研究。我们衷心希望通过国家创新指数年度系列报告，为社会提供一个认识中国创新发展状况的窗口。我们真诚希望得到各个方面专家学者的宝贵意见和建议，不断完善国家创新指数，共同见证中国创新型国家和世界科技强国建设这一伟大历史进程。

《国家创新指数报告2022—2023》

编辑委员会

# 目 录

## 1 全球创新概览 .........001
（一）三大集团国家创新能力排名总体稳定 ......... 002
（二）全球创新发展保持亚美欧三足鼎立格局 ......... 006
（三）创新发展与经济实力和国家意志密切相关 ......... 008
（四）全球科技创新中心东移趋势更加显著 ......... 010
（五）中国在世界创新格局中的位势进一步提升 ......... 012

## 2 创新资源 .........015
（一）发达国家具有明显资源汇聚优势 ......... 016
（二）研发经费高度集中于创新大国 ......... 017
（三）发展中国家需加快培养研发人力资源 ......... 019
（四）中国创新资源投入水平持续提升 ......... 020

## 3 知识创造 .........023
（一）创新大国知识产出表现突出 ......... 024
（二）欧洲国家论文影响力位居前列 ......... 025
（三）中日美韩技术发明高度活跃 ......... 026
（四）中国知识创造水平继续领先 ......... 027

# 4 企业创新 .................................................................. 031

（一）国家间企业创新能力差异较大 ........................................ 032
（二）以色列和韩国企业研发投入强度优势明显 ........................ 033
（三）发达国家企业普遍重视知识产权海外布局 ........................ 034
（四）中国企业创新的国际竞争力进一步提高 ............................ 037

# 5 创新绩效 .................................................................. 039

（一）各国创新绩效存在较大差距 ............................................ 040
（二）绿色低碳发展需要世界共同努力 .................................... 041
（三）各国知识和技术密集型产业发展不均衡 ........................... 042
（四）中国创新绩效仍有较大提升空间 .................................... 044

# 6 创新环境 .................................................................. 047

（一）经济发达的欧美国家位居前列 ........................................ 048
（二）新加坡等创新小国的市场环境比较优越 ........................... 049
（三）荷兰等国家拥有浓郁的创业氛围 .................................... 050
（四）中国创新环境还需进一步改善 ........................................ 051

# 7 国别分析 .................................................................. 053

# 8 附录 ........................................................................ 095

附录一　排名结果 .................................................................. 096
附录二　国家创新指数评价理论与方法 .................................... 102
附录三　指标解释 .................................................................. 108
附录四　数据来源 .................................................................. 112

# 1 全球创新概览

三大集团国家创新能力排名总体稳定

全球创新发展保持亚美欧三足鼎立格局

创新发展与经济实力和国家意志密切相关

全球科技创新中心东移趋势更加显著

中国在世界创新格局中的位势进一步提升

国家创新指数报告 2022—2023

## （一）三大集团国家创新能力排名总体稳定

国家创新指数是反映一个国家科学、技术和创新能力的综合指数。综合分析国家创新指数历年评价结果可以发现，评价的 40 个国家可划分为 3 个集团，综合指数排名前 15 位的国家主要为欧美和亚洲主要发达经济体，属于第一集团，均为公认的创新型国家，在世界创新格局中有较强的综合影响力。第 16 位至第 30 位主要为其他发达国家和少数新兴经济体，属于第二集团，创新发展有较强的特色。第 30 位以后多为发展中国家，属于第三集团。

总体来看，当前世界创新格局依然较为稳定。与上年相比，各国排名主要为集团内部小幅变化，没有国家跨集团变动。第一集团国家包括：北美 1 席，为美国；亚洲 5 席，为日本、韩国、以色列、新加坡和中国；欧洲占据 9 席，为瑞士、荷兰、丹麦、瑞典、德国、英国、爱尔兰、芬兰和法国。其中，排名上升的国家有中国、丹麦和韩国，综合排名第 10 位、第 6 位和第 3 位，分别比上年上升 3 位、2 位和 1 位。瑞典、新加坡较上年下降 2 位，日本、爱尔兰较上年下降 1 位；第二集团国家也主要为欧洲国家，15 个国家中有 12 个国家为欧洲国家，其他 3 个国家为澳大利亚、新西兰和加拿大，综合排名第 21 位至第 23 位。第三集团国家中，土耳其、印度综合排名分别上升 2 位、1 位至第 33 位和第 39 位，俄罗斯则比上年下降 2 位至第 35 位，巴西下降 1 位至第 40 位（图 1-1）。

图 1-1 国家创新指数排名按 3 个集团分布

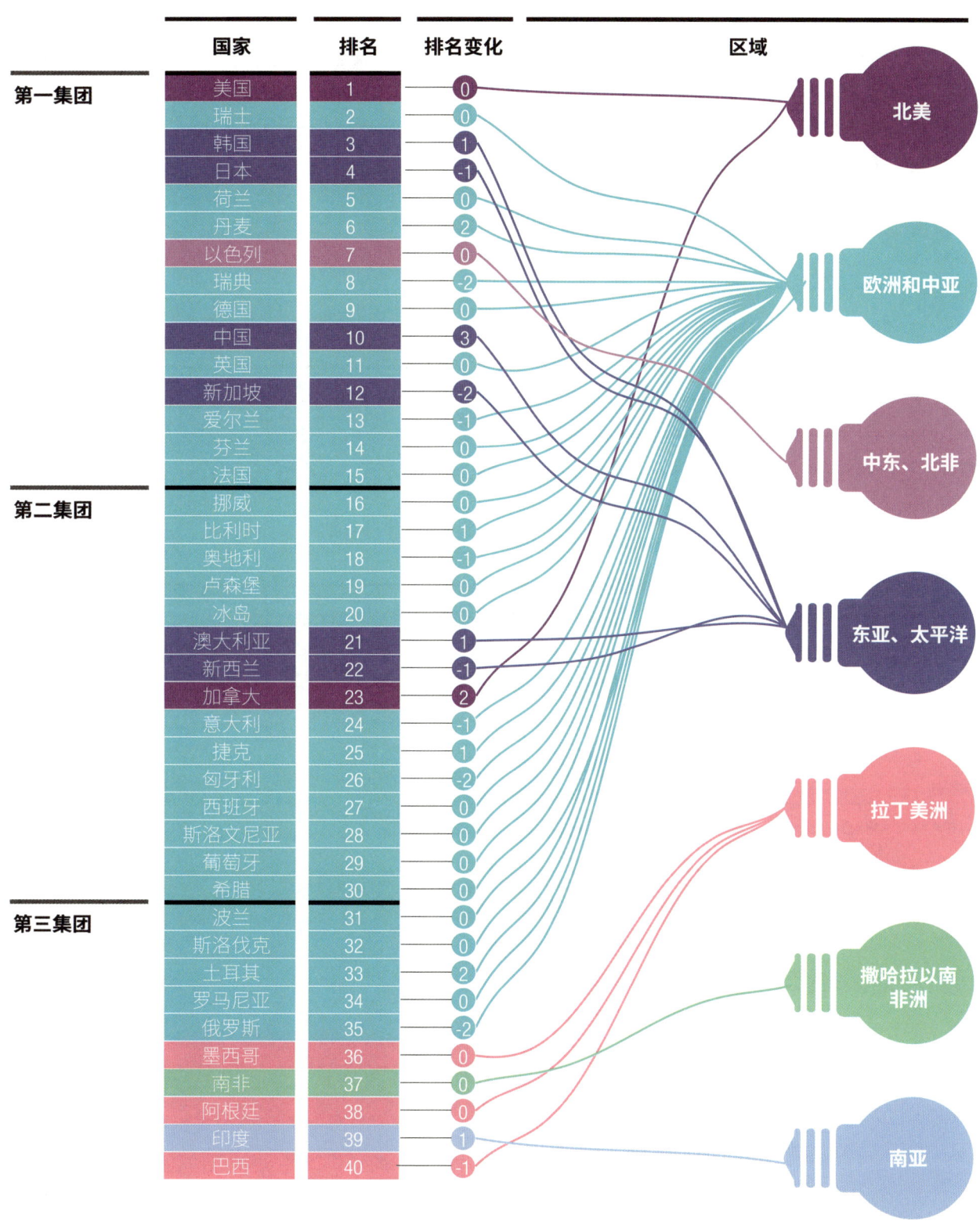

注：国家的洲际区域划分依据世界银行的划分标准。

比较来看，世界各国之间创新鸿沟依然明显，主要的研发活动和创新产出集中在第一集团国家。综合计算各国的人口、研发经费支出和 GDP 总量占全球的份额可以看到，第一集团国家的人口数量虽然仅占全球人口总量的 28.2%，但其研发经费支出却占全世界的 83.1%，经济产出总量占全球的 65.7%。第二集团国家人口数量占全球人口总量的 3.1%，研发经费支出占全世界的 8.0%，经济产出总量占全球的 10.2%。第三集团国家人口数量占全球人口总量的 27.2%，但其研发经费支出仅占全世界的 4.3%，经济产出总量占全球的 10.7%（表 1–1）。

表 1–1
3 个集团国家主要指标在世界创新格局中的位置

| 集团 | R&D/亿美元 | 人口/万人 | GDP/亿美元 | R&D 经费占比 | 人口占比 | GDP 占比 |
|---|---|---|---|---|---|---|
| 01 第一集团国家 | 16 649 | 220 619 | 556 741 | 83.1% | 28.2% | 65.7% |
| 02 第二集团国家 | 1 593 | 24 597 | 86 509 | 8.0% | 3.1% | 10.2% |
| 03 第三集团国家 | 864 | 213 059 | 90 971 | 4.3% | 27.2% | 10.7% |

**专栏　主要国际创新评价报告对中国的综合评价**

为了监测和评价全球主要经济体创新能力的发展和演进特征，一些国际组织和智库机构开展了基于指标体系的创新评价研究，其中有较大国际影响力的成果是世界知识产权组织的《全球创新指数》和欧盟委员会的《欧洲创新记分牌》。虽然各报告的研究定位和评价体系有所差异，但其对中国创新能力的排名结果基本一致。中国创新能力快速提升、跻身世界领先集团成为国际社会的普遍共识。

世界知识产权组织等自2007年开始研究发布《全球创新指数》，从制度、人力资本与研究、基础设施、市场成熟度、商业成熟度、知识和技术产出、创意产出7个维度，选取80余项基础指标对全球130多个经济体进行综合评价。评价结果显示，中国创新能力综合排名从2012年排名第34位上升至2022年的第11位，2023年小幅回落至第12位，与2021年持平，自2019年以来稳居世界前15位行列。

为监测评价"创新欧洲"建设进展，欧盟委员会自2001年始研究发布《欧洲创新记分牌》，从创新环境、创新投入、创新活动、创新绩效4个维度，选取32项基础指标对所有欧盟成员国、其他欧洲国家及区域邻国进行评价。此外，报告还基于简化版的评价指标体系，比较分析欧盟与澳大利亚、韩国、美国等创新强国，以及中国、印度、墨西哥、南非等新兴国家创新能力水平。评价结果显示，中国的创新能力快速提升，2023年总体水平相当于欧盟的95%，而2014年仅相当于欧盟的44%，中国与欧盟总体水平差距大幅缩小。

为监测评价中国创新型国家建设进程，中国科学技术发展战略研究院开展了《国家创新指数报告》研究，结果显示，中国国家创新能力综合排名从2012年的第20位上升至2023年的第10位，2019年以来稳居世界第一集团。

可见，虽然由于研究定位不同，导致具体排名结果有所差异，但十年来中国科技创新能力迅速提升这一发展趋势已成为广泛共识。

## （二）全球创新发展保持亚美欧三足鼎立格局

从各国综合排名看，各地区国家创新指数表现基本稳定，全球创新格局保持亚美欧三足鼎立的态势。

北美地区无疑仍是世界创新能力最强的一极。本报告选取了美国和加拿大进行分析，两国人口合计占全球的4.7%，GDP占全球的26.8%，两国R&D经费投入总量占全球的39.2%，与上年基本持平。美国优势全面，国家创新指数综合排名继续占据首位，5个一级指标中，创新资源、知识创造、企业创新3个指标均位居前2位，创新环境排名第4位，创新绩效排名第6位。加拿大综合排名第23位，较上年上升2位，企业创新和创新环境方面表现相对突出，分别排名第17位和第11位。

欧洲和中亚地区整体表现强劲。本报告选取了瑞士、德国、法国等26个国家进行分析。26个国家人口合计占全球的9.4%，GDP占全球的24.9%，R&D经费投入总量占全球的23.8%，比上年下降2.2个百分点。这一地区有9个国家进入第一集团，多数国家处于第二集团的位置。其中，瑞士综合指数排名第2位；荷兰、丹麦分别排名第5位和第6位，瑞典、德国分别排名第8位和第9位；英国排名第11位，爱尔兰排名第13位，芬兰、法国分列第14位和第15位。

东亚、太平洋地区主要国家表现优异，上升趋势明显。本报告选取了日本、韩国、中国、新加坡、澳大利亚和新西兰6个国家进行分析。6个国家人口合计占全球的20.8%，GDP占全球的27.5%，R&D经费投入总量占全球的33.1%，比上年下降1.5个百分点。韩国和日本依托其突出的企业创新表现和知识创造能力，分居第3位和第4位。以色列综合排名第7位。中国综合排名第10位，上升3位，成为亚洲乃至世界创新发展的亮点。新加坡、澳大利亚综合排名分别为第12位和第21位。

南亚地区的印度，人口占全球的17.9%，GDP占全球的3.1%，R&D经费投入总量约占全球的0.9%，基本稳定。印度综合排名第39位，比上年提升1位。创新绩效排名第35位，创新环境排名第29位。近年来，其经济社会发展迈入快车道，未来发展前景被普遍看好。

拉丁美洲地区，本报告选取了墨西哥、阿根廷、巴西3个国家进行分析。3国人口占全球的4.9%，GDP占全球的3.5%，R&D经费投入总量占全球的1.6%，比上年下降0.2个百分点。墨西哥、阿根廷、巴西综合创新指数排名分别为第36位、第38位和第40位。

中东、非洲地区，本报告选取了以色列、南非2个国家进行分析。两国人口合计占全球的0.9%，GDP占全球的0.9%，R&D经费投入总量占全球的1.3%，与上年基本持平。以色列创新指数综合排名为第7位，南非综合排名第37位，均与上年持平（图1–2）。

图1–2 各国研发经费支出规模的地区分布

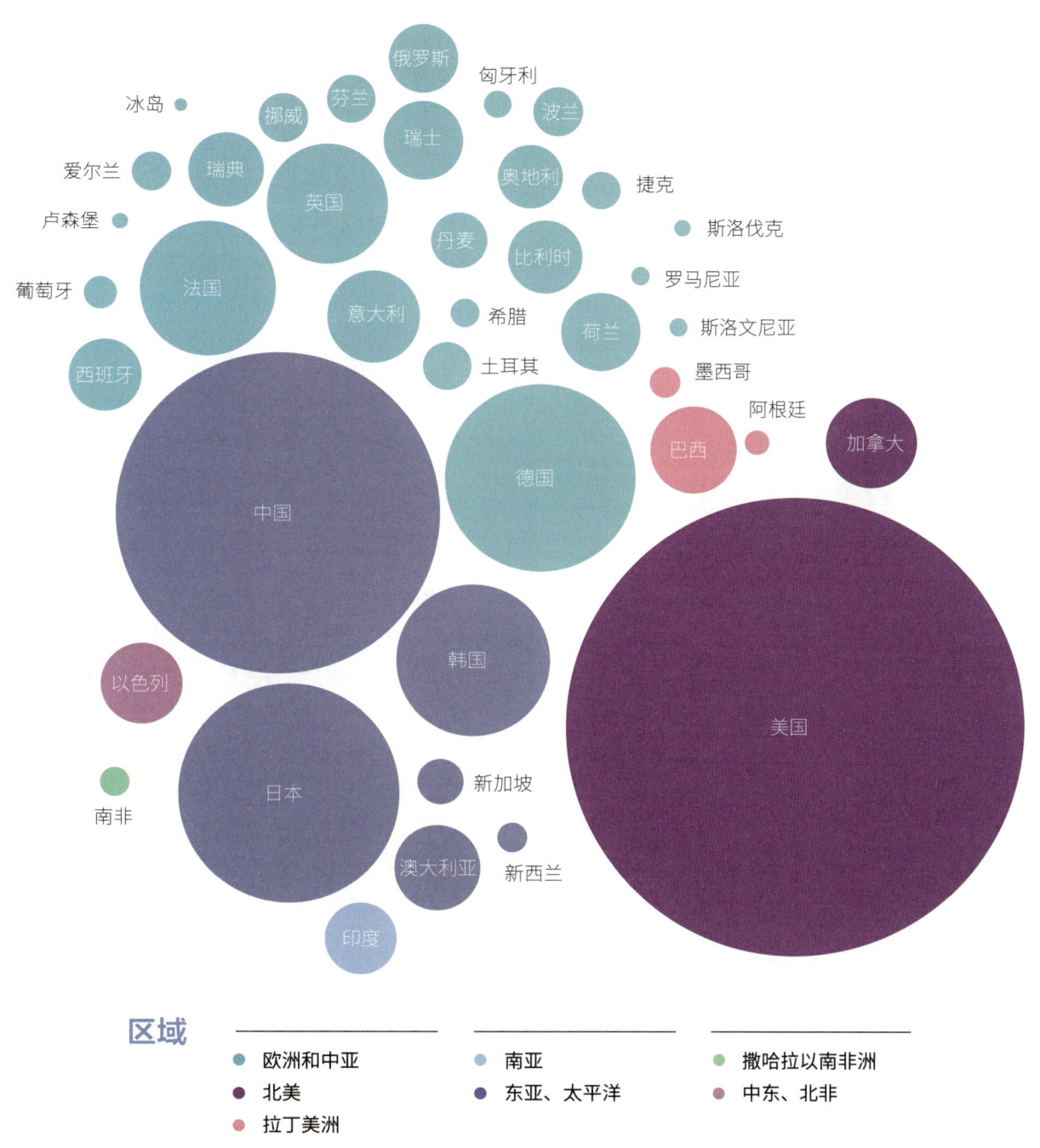

注：气泡大小表示R&D经费支出规模；国家的洲际区域划分依据世界银行的划分标准。

### （三）创新发展与经济实力和国家意志密切相关

国家创新指数得分与国家经济发展阶段密切相关。世界银行和国际货币基金组织等国际机构普遍采用人均 GDP 作为划分世界各经济体发展阶段的主要指标。从图 1-3 可以看到，各国创新指数排名与人均 GDP 存在较为显著的正相关关系，即人均 GDP 越高的国家，其创新指数得分也相对较高。多数国家落在图中趋势线的两侧附近，这是国家通常发展的路径。第一集团的 15 个国家中，除中国外，美国、瑞士、丹麦、新加坡和爱尔兰 5 个国家人均 GDP 在 6 万美元以上，荷兰、瑞典和芬兰 3 个国家人均 GDP 在 5 万美元左右，以色列、德国和英国 3 个国家人均 GDP 在 4 万~5 万美元，韩国、日本、法国 3 个国家人均 GDP 在 3 万~4 万美元。第二集团的 15 个国家中，挪威、比利时和奥地利等 9 个国家人均 GDP 在 3 万美元以上，且均排名位列第二集团靠前位置，捷克、西班牙、斯洛文尼亚、葡萄牙 4 个国家人均 GDP 在 2 万~3 万美元，希腊人均 GDP 低于 2 万美元。

第三集团的 10 个国家中，只有匈牙利、波兰、斯洛伐克、罗马尼亚、俄罗斯 5 个国家人均 GDP 在 1 万~2 万美元，土耳其、墨西哥、南非、阿根廷、印度、巴西 6 个国家人均 GDP 低于 1 万美元。可见，经济实力是国家创新能力发展的重要基础。

中国创新能力大幅超越处于同一经济发展水平的国家。从人均 GDP 指标看，与中国发展阶段相近的中高收入国家有俄罗斯、墨西哥、土耳其和阿根廷。中国人均 GDP 还相对较低，但创新能力综合表现远高于其他国家，是唯一一个 R&D 投入强度超过 2%、综合排名进入第一集团的中等收入国家，其他 4 个国家综合排名全部处于第三集团。从不同国家经济发展阶段比较来看，2020 年，中国人均 GDP 为 10 409 美元，在 40 个国家中仅高于印度、巴西、阿根廷、南非、土耳其、墨西哥和俄罗斯。但是，中国创新指数得分已接近人均 GDP 在 5 万美元左右的欧洲国家。

国家创新能力的提升和国家创新战略与意志也密切相关。少数几个国家的创新指数得分表现突出,显著高于各国创新指数排名与人均 GDP 趋势线水平,包括美国、日本、韩国和中国。这些国家有一个相似的特点,即政府高度重视科学技术和创新战略在国家发展中的作用。美国实行确保在全球科技领域全面领先的战略,将创新作为支撑经济可持续发展、保障全球领先地位的核心战略。日本则更加重视技术立国和知识产权立国的发展战略,韩国保持高强度研发投入,扶持大企业集团在特定领域重点突破。中国政府将创新摆在国家发展战略全局的核心位置。

图 1-3 各国人均 GDP 与国家创新指数

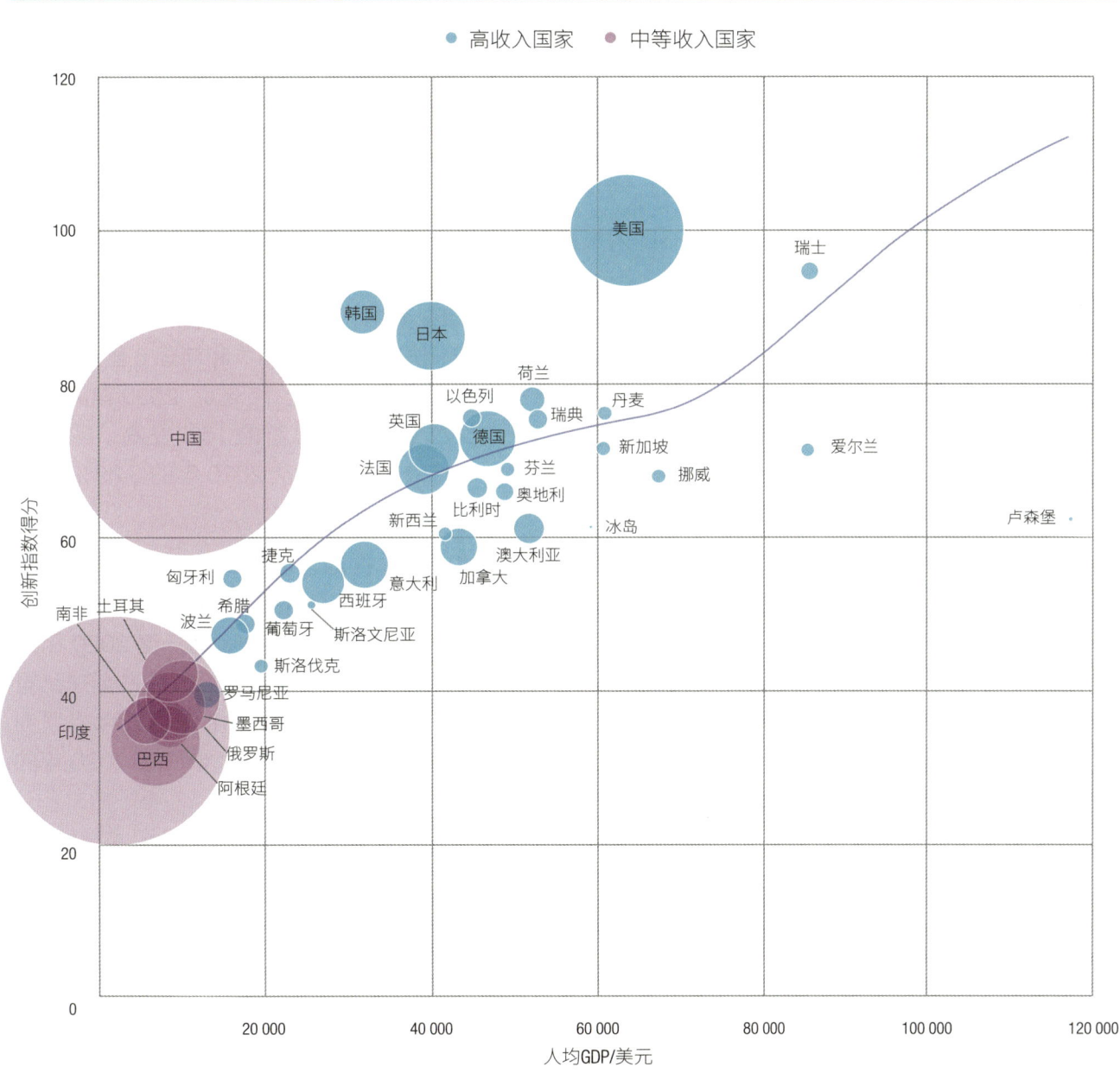

注:气泡大小表示人口规模。

## （四）全球科技创新中心东移趋势更加显著

从国家创新指数关键指标的变化看，全球科技创新中心逐渐东移，亚洲国家在世界创新版图中的地位不断上升，北美国家所占份额相对稳固，欧洲国家份额有所下降。

全球 R&D 经费支出的区域分布上，亚洲地区的东亚和南亚国家 R&D 经费支出占全球份额显著增加，从 2010 年的 27.3% 上升至 2020 年的 32.2%，增加 4.9 个百分点。其中，中国 R&D 经费支出占全球份额从 2010 年的 8.5% 上升至 2020 年的 18.5%，增加 10 个百分点，成为推动全球科技创新中心东移的关键力量。北美国家 R&D 经费支出占全球份额 2010 年为 35.9%，2020 年略升至 39.2%，其中，美国 R&D 经费份额 2015 年以来保持在 35% 以上。欧洲国家 R&D 经费支出占全球份额下降较为显著，从 2010 年的 30.4% 降至 2020 年的 23.8%，减少 6.6 个百分点，其中，德国、法国和英国 3 个国家 R&D 经费支出约占欧洲份额的一半。

全球 R&D 人员数量的区域分布上，亚洲地区的东亚和南亚国家 R&D 人员数量占全球比重持续提升，从 2010 年的 40.9% 上升至 2020 年的 47.8%，增加 6.9 个百分点。其中，中国 R&D 人员数量占全球总量的 1/3 左右，接近美国、德国、法国、英国、日本和韩国 6 国的总量。北美国家 R&D 人员数量占全球比重 2010 年为 17.9%，2020 年略降至 16.6%，其中，美国 R&D 人员数量占全球总量的 15% 左右。欧洲国家 R&D 人员数量占全球比重下降较为显著，从 2010 年的 34.2% 降至 2020 年的 29.7%，减少 4.5 个百分点。

科技创新资源投入重心的变化，推动创新活动产出也相应转移。科学论文的全球区域分布方面，亚洲地区的东亚和南亚国家国际科学论文数量占全球比重持续提升，从 2010 年的 24% 上升至 2020 年的 38.5%，增加 14.5 个百分点。北美国家国际科学论文数量占全球比重 2010 年为 32.9%，2020 年下降至 27.2%，减少 5.7 个百分点。欧洲国家国际科学论文数量占全球比重从 2010 年的 50.1% 降至 2020 年的 48.2%，减少 1.9 个百分点。

发明专利拥有量方面，亚洲地区的东亚和南亚国家发明专利拥有量占全球比重持续提升，从 2010 年的 56.7% 上升至 2020 年的 65.9%，增加 9.2 个百分点。北美国家发明专利拥有量占全球比重 2010 年为 30.7%，2020 年下降至 22.6%，减少 8.1 个百分点。欧洲国家发明专利拥有量占全球比重从 2010 年的 11.7% 略降至 2020 年的 11%（图 1-4）。

**图 1-4　世界重点区域科技创新投入产出所占份额变化**

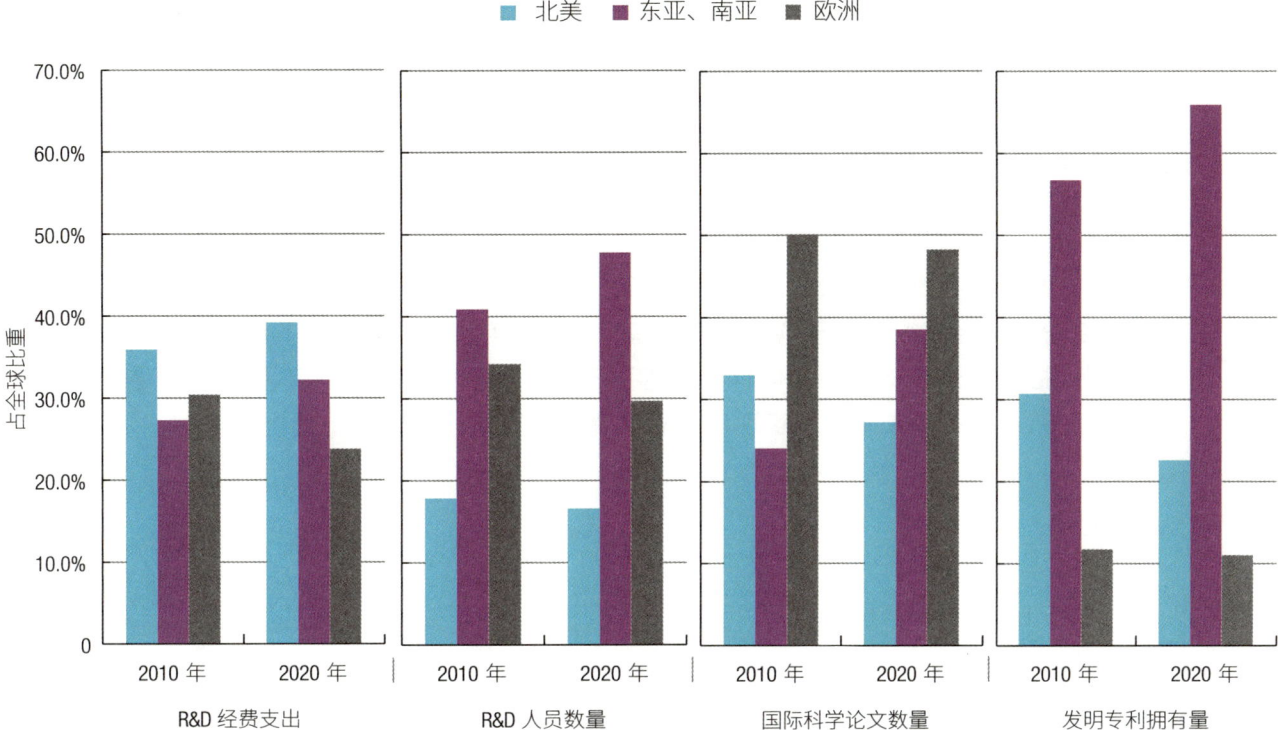

## （五）中国在世界创新格局中的位势进一步提升

中国是进入创新指数第一集团的唯一发展中国家，在全球创新版图上占据重要一席。从中国在40个国家的创新指数排名变化看，2003年之前中国一直处于第三集团，2003年中国进入第二集团后，国际排名继续稳步上升，2019年跃升至第一集团。2023年，中国的创新指数国际排名升至第10位，在创新型国家第一集团中位次保持上升态势（图1-5）。从5个创新指数分指数国际排名看，中国部分指标排名已经处于国际前列，具有明显优势，但也有部分指标长期处于落后位置。30个二级指标中，中国有9个指标已跻身全球前10名行列，其中有8个指标高居前5位；但也有9个指标国际排名在30位之后。另外，从创新指数得分看，中国有20个指标得分在60分以下，其中11个指标得分低于30分。排名和得分处于落后位置的指标很大程度上反映了中国的创新短板，将影响中国创新指数进一步提升。如何保持并增强已经取得的创新优势，弥补和扭转处于落后位置的创新短板，是未来中国实现创新驱动高质量发展所面临的重要挑战。

图1-5 中国国家创新指数世界排名

2023年，国家创新指数排名前15位的国家依次为美国、瑞士、韩国、日本、荷兰、丹麦、以色列、瑞典、德国、中国、新加坡、英国、爱尔兰、芬兰和法国。从创新指数得分看，排名领先国家的优势相对明显。指数得分高于90分的国家仅美国和瑞士；韩国和日本的指数得分介于85~90分；其他国家的指数得分均低于80分。在创新指数得分低于80分的11个国家中，中国指数得分为72.7分，排名从上年的靠后位置升至中游。中国指数得分虽然与德国、瑞典、以色列、丹麦、荷兰的差距不大，有望在未来几年实现赶超，但要跻身创新型国家前列，实现创新指数得分与美国、瑞士、韩国、日本的水平相当，仍面临较大压力（表1–2）。

表1–2
国家创新指数排名前15位的国家

| 排名 | 国家 | 指数得分（中位数75.4分） |
|---|---|---|
| 1 | 美国 | 100.0 |
| 2 | 瑞士 | 94.7 |
| 3 | 韩国 | 89.4 |
| 4 | 日本 | 86.3 |
| 5 | 荷兰 | 78.0 |
| 6 | 丹麦 | 76.2 |
| 7 | 以色列 | 75.6 |
| 8 | 瑞典 | 75.4 |
| 9 | 德国 | 72.9 |
| 10 | 中国 | 72.7 |
| 11 | 新加坡 | 71.6 |
| 12 | 英国 | 71.6 |
| 13 | 爱尔兰 | 71.4 |
| 14 | 芬兰 | 68.9 |
| 15 | 法国 | 68.9 |

近十几年，中国在国家创新指数的5个一级指标上的得分均有不同程度的提高，但与排名靠前的国家仍有较大差距。2023年，中国在创新资源、知识创造、企业创新、创新绩效和创新环境上的指数得分分别为61.1分、83.7分、41.2分、54.5分和77.1分，排名依次为第21位、第3位、第12位、第17位和第23位。图1-6显示，中国在知识创造、创新绩效和创新环境3个指标上已经与位居前列的创新型国家水平相当，而在创新资源和企业创新2个指标上差距明显。

图1-6　中国与创新指数排前5位的国家

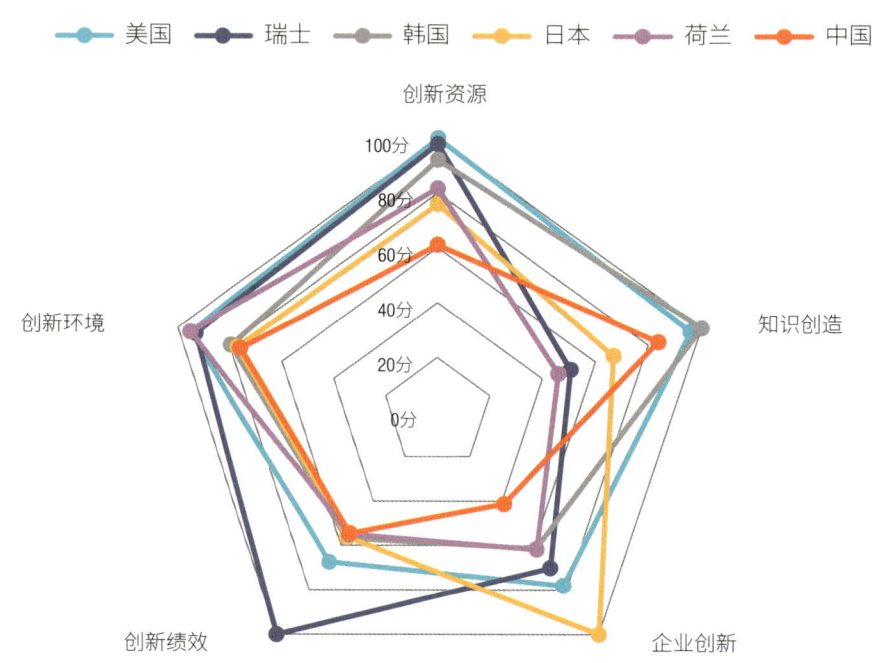

# 2 创新资源

发达国家具有明显资源汇聚优势

研发经费高度集中于创新大国

发展中国家需加快培养研发人力资源

中国创新资源投入水平持续提升

创新资源涵盖了全社会对创新活动的投入力度、创新资源配置结构、创新人才资源储备和培育状况，是一个国家持续开展创新活动的基本保障。创新资源分指数采用研究与试验发展经费投入强度、研究与试验发展经费占世界比重、基础研究经费占全社会研发经费支出的比重、研究与试验发展人力投入强度、科技人力资源培养水平、世界大学排名 TOP 500 上榜高校平均得分 6 个二级指标，来测度国家创新资源配置能力。

### （一）发达国家具有明显资源汇聚优势

在创新资源分指数排名中，处于第一集团的国家均为发达国家。美国、瑞士、韩国位列前三，得分均超过 90 分。荷兰、丹麦、澳大利亚、日本、希腊、奥地利、比利时、以色列、新加坡、法国、挪威、英国分别位列第 4 位至第 15 位，除英国外，得分均超过 70 分。位列第二集团（第 16 位至第 30 位）的国家除中国、俄罗斯外，均为发达国家，得分均超过 50 分。其他发展中国家均属于第三集团（图 2-1）。

与上年相比，6 个国家排名上升较为明显。其中，处于第一集团的澳大利亚、希腊、比利时分别从第 10 位、第 13 位和第 14 位上升至第 6 位、第 8 位和第 10 位；处于第二集团的波兰和中国分别从第 24 位和第 25 位上升至第 20 位和第 21 位。

新加坡、瑞典、冰岛排名下降幅度较大，分别从第 6 位、第 15 位和第 22 位降至第 12 位、第 22 位和第 29 位。除英国取代瑞典进入第一集团、加拿大取代卢森堡进入第二集团以外，整体而言每个集团内部的国家构成相对稳定。

图 2-1　创新资源分指数世界排名与得分

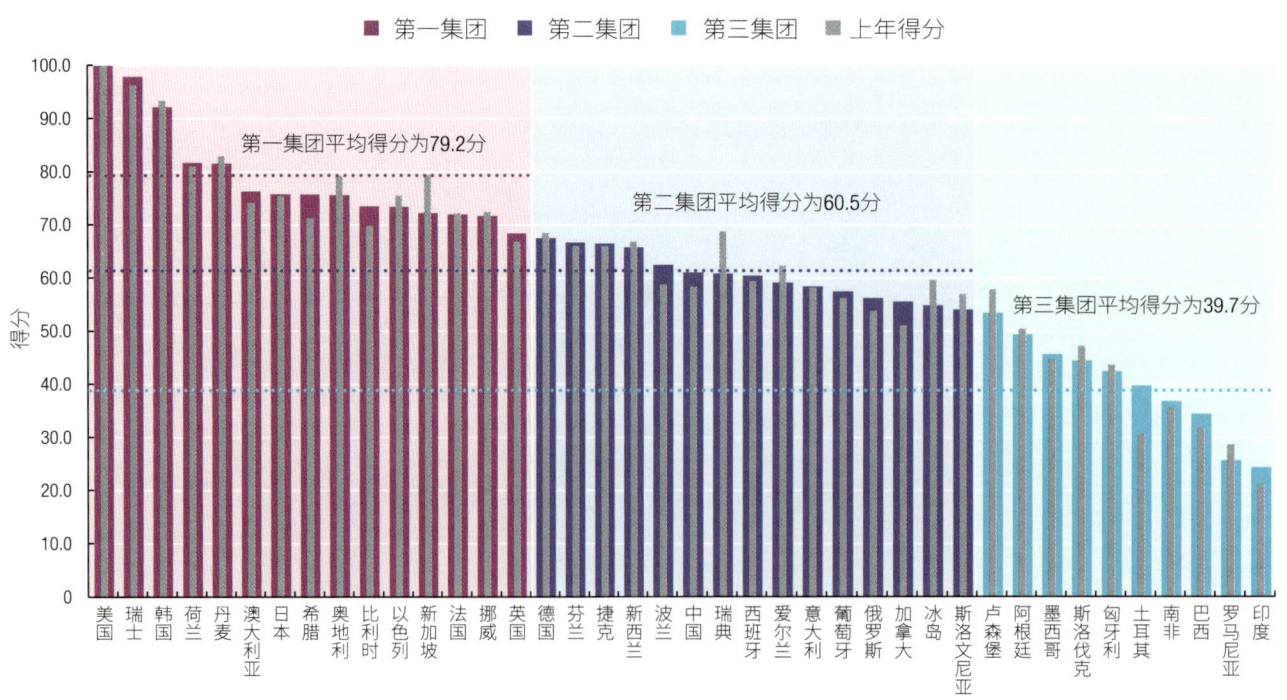

## （二）研发经费高度集中于创新大国

世界研发经费地理分布高度聚集，各国占比保持相对稳定。美国、中国、日本、德国4个国家的R&D经费占世界比重均超过5%，经费总和占40个国家的70%以上。其中，美国和中国的R&D经费之和超过一半，美国占37.7%，位居第一；中国占18.5%，排在第2位。日本和德国分别占8.6%和6.3%，分列第3位和第4位。韩国、法国、英国的R&D经费占比均超过2%，加上美国、中国、日本、德国4国，这7个国家的经费合计占比超过80%（图2-2）。

图2-2　R&D经费世界分布

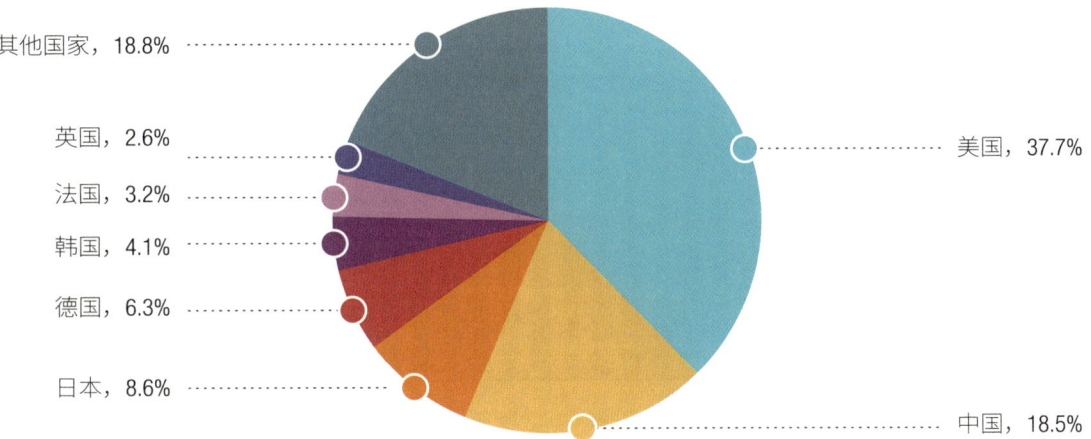

国际上具备较强创新能力的国家研发经费投入强度通常在2%以上。以色列是R&D经费投入强度最高的国家，达到5.44%；韩国次之，为4.81%。比利时、美国、日本、奥地利、瑞士、德国在3%以上，丹麦、芬兰接近3%。冰岛、中国、法国、荷兰、挪威、斯洛文尼亚和西班牙在2%以上。除中国外，其他发展中国家的研发投入强度均不足1.5%（图2-3）。

图 2-3　R&D 经费投入强度

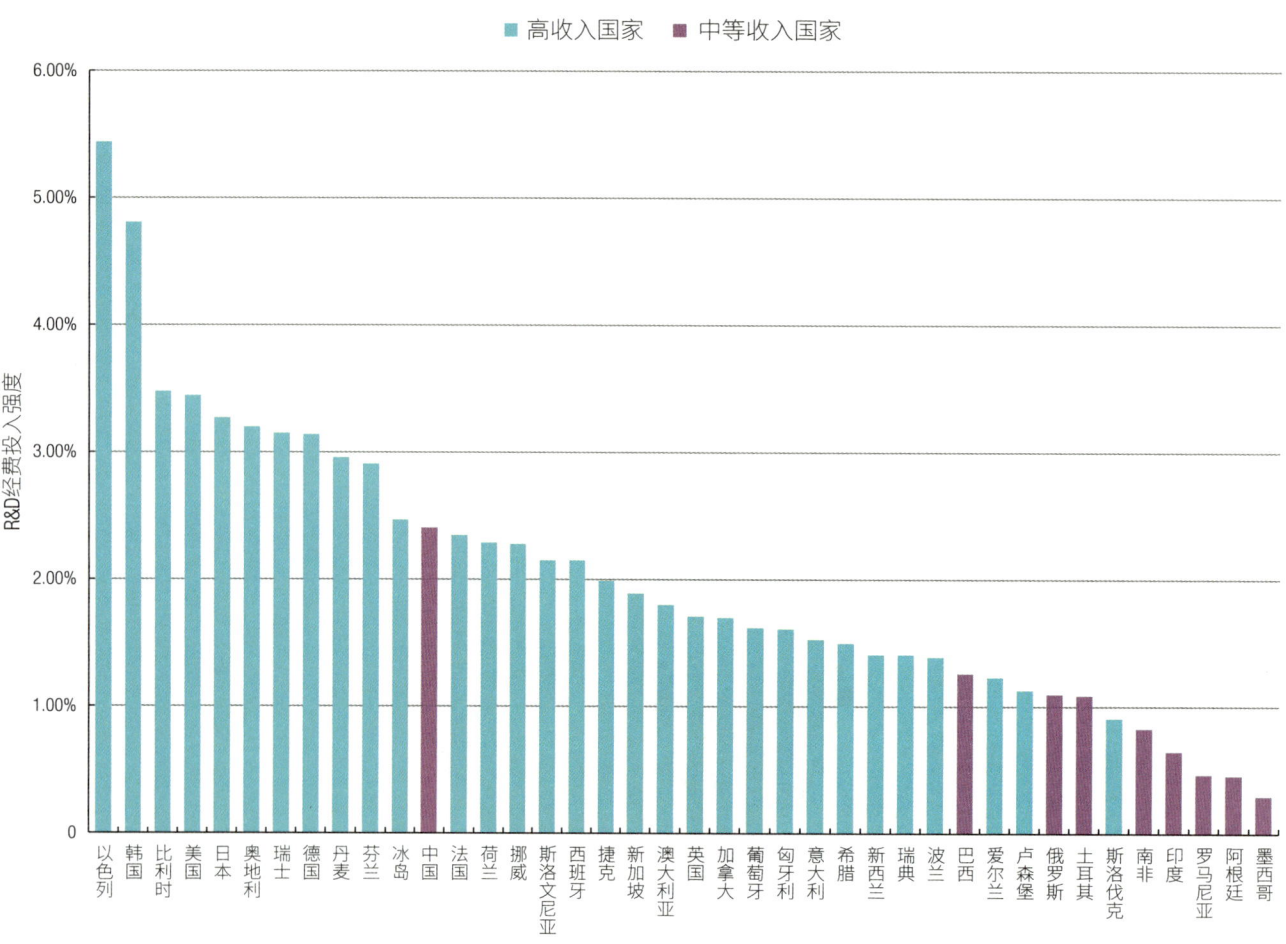

从研发经费结构来看，基础研究经费比重较高的国家通常以欧洲国家和小国为主。卢森堡和瑞士最高，分别为 42.1% 和 42.0%，斯洛伐克也接近 40%。希腊、波兰、墨西哥基础研究经费占比约为 1/3，捷克、南非、澳大利亚、荷兰约为 1/4。在研发经费投入大的国家中，法国、英国基础研究经费占比相对较高，分别为 21.1% 和 18.3%；美国和亚洲国家相对低一些，美国、韩国、日本分别为 15.1%、14.5% 和 12.3%，中国为 6.0%（图 2-4）。

图 2-4　基础研究经费占 R&D 经费比重

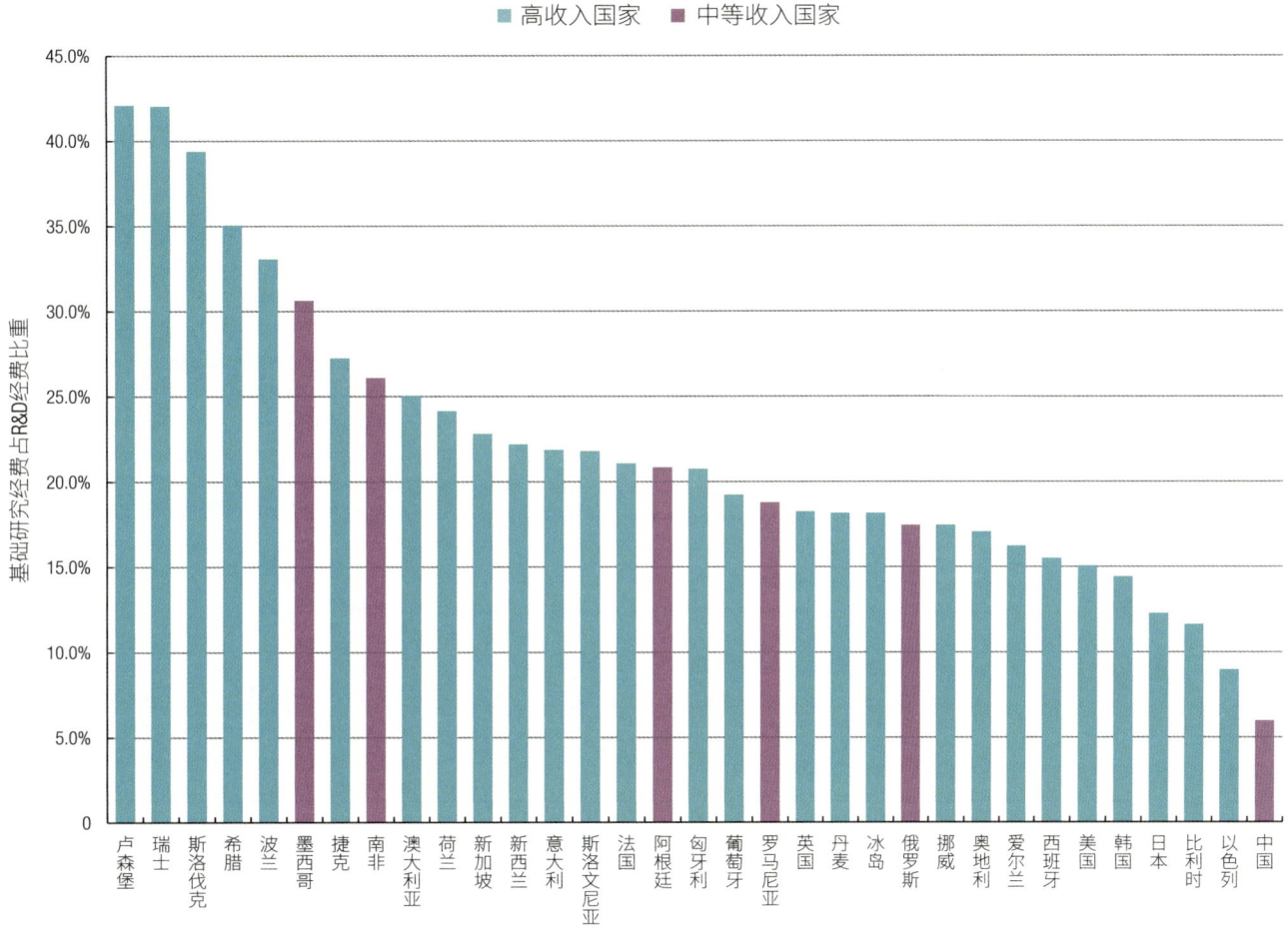

注：巴西、加拿大、芬兰、德国、印度、瑞典、土耳其数据缺失。

## （三）发展中国家需加快培养研发人力资源

规模较小的发达国家通常具有较高的研发人力投入强度。丹麦和韩国最高，每千人口研发人员均超过 10 人年；瑞士、芬兰、荷兰、瑞典、奥地利、挪威 6 个国家紧跟其后，均达到 9 人年以上。研发经费投入大的国家研发人力投入强度大多处于中等水平，其中，德国为 8.8 人年，日本、英国、法国为 7 人年左右，美国为 6.7 人年。发展中国家和金砖国家的研发人力投入强度相对偏低，俄罗斯每千人口研发人员为 5.2 人年，中国为 3.7 人年，多数发展中国家不超过 3 人年（图 2-5）。

从科技人力资源培养水平看，高等教育毛入学率反映高等教育普及程度及未来研发人力投入的潜在水平。希腊高等教育毛入学率最高，达到 150.9%，土耳其、澳大利亚超过 110%，韩国超过 100%。阿根廷、西班牙、芬兰、新加坡均超过 90%。整体而言，欧美国家和发达国家高等教育毛入学率多在 60% 以上，美国为 87.9%，德国、法国为 70% 左右，英国、日本为 65% 左右。在金砖国家中，俄罗斯较高，为 86.4%，巴西、中国均进入了高等教育普及化阶段，分别为 54.6% 和 54.4%，印度、南非不足 30%（图 2-5）。

图 2-5  研发人力资源

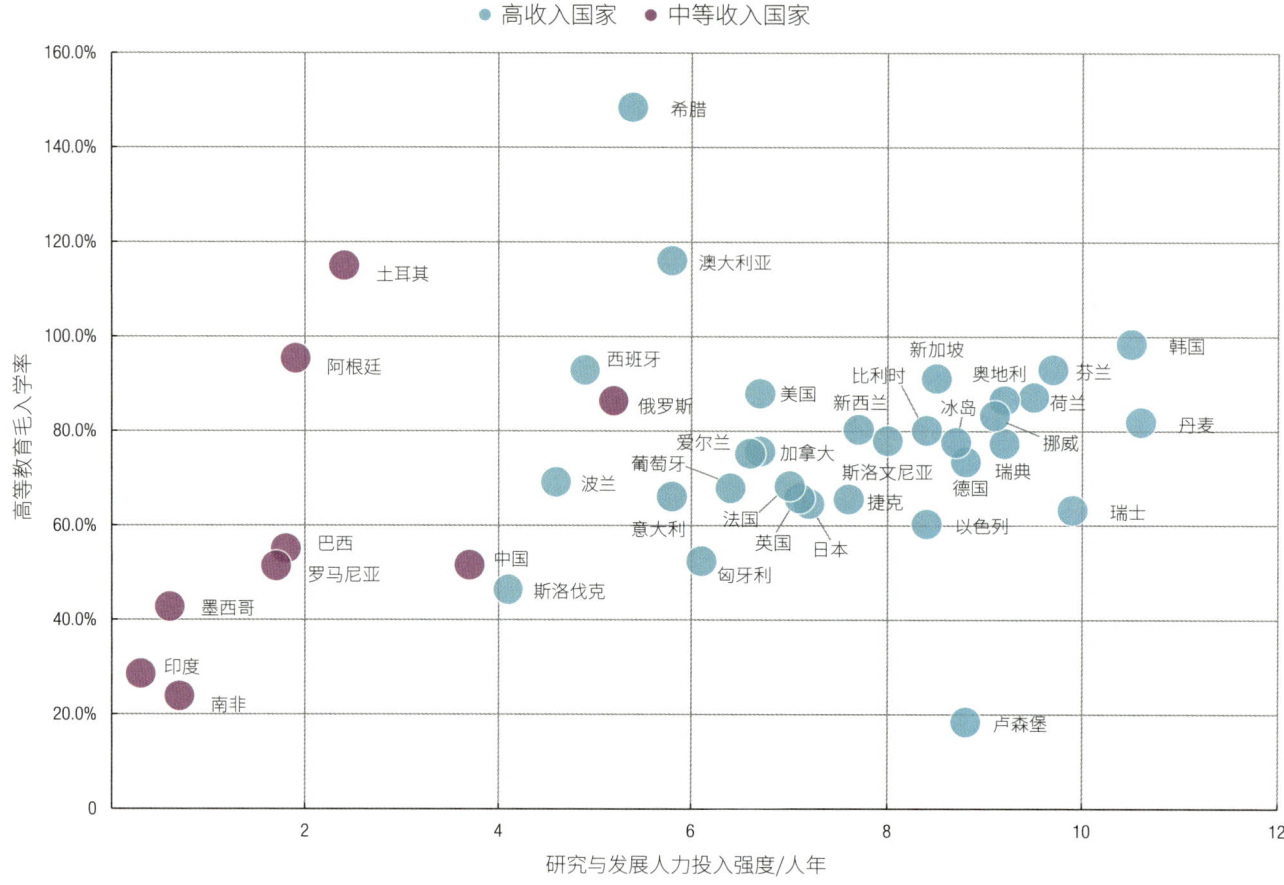

### （四）中国创新资源投入水平持续提升

**1. 创新资源进步明显，排名较上年提高 4 位**

中国创新资源分指数得分 61.1 分，较上年提升 2.7 分，国际排名第 21 位，在具体指标中，3 个指标的排名与上年完全相同。创新资源排名的上升，主要与研究与试验发展经费投入强度、科技人力资源培养水平提升有关。

与美国、瑞士、韩国、荷兰和丹麦这 5 个创新资源分指数排名前列的国家相比，中国总体上处于落后位置。其中，研究与试验发展经费规模具有明显优势，研究与试验发展经费投入强度、世界大学排名 TOP 500 上榜高校平均得分这 2 个指标与 5 个前列国家的水平接近，而"基础研究经费占全社会研发经费支出的比重""研究与试验发展人力投入强度"和"科技人力资源培养水平"3 个指标表现较差，得分均低于 40 分，成为影响创新资源表现不佳的主要因素（图 2-6）。中国要在创新资源方面取得较大进步，需要显著提升基础研究经费投入水平，并加大科技人才的培养和支持力度。

图 2-6　中国与创新资源分指数排前 5 位的国家

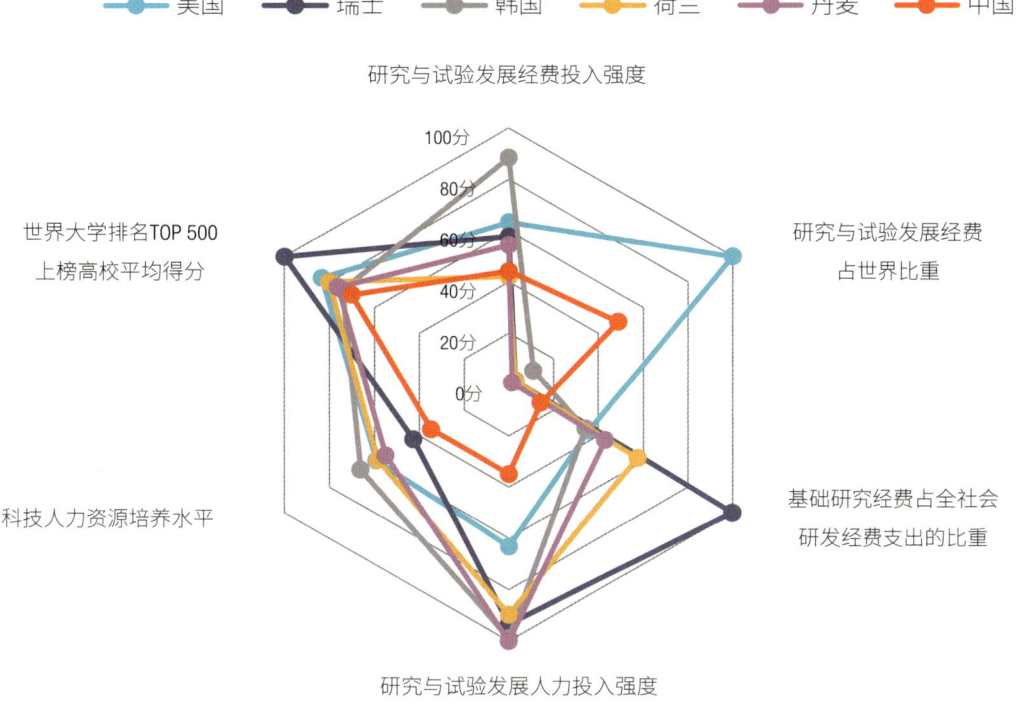

### 2. 研发经费规模稳居第二，研发人力投入强度有待提升

从创新资源 6 个二级指标来看，中国有 3 个指标进入世界前 15 位，其中 3 个指标与研发经费投入相关。研究与试验发展经费占世界比重与上年一致，居世界第 2 位；研究与试验发展经费投入强度居第 12 位，较上年提升 1 位；世界大学排名 TOP 500 上榜高校平均得分排第 15 位，较上年下降 1 位。与人力相关的 2 个指标排名较为落后，研究与试验发展人力投入强度排在第 33 位；科技人力资源培养水平居第 34 位，较上年提升 1 位。

从二级指标的变化趋势看，中国研发经费投入规模继续保持全球领先水平，目前已稳居世界第 2 位，仅次于美国；研发投入强度继续稳步提升，达到中等发达国家 R&D 经费投入强度水平。科技人力资源培养水平和研发人力投入强度增速缓慢，国际排名仍保持在 30 位以后（图 2-7）。

图 2-7 中国创新资源分指数构成指标的世界排名

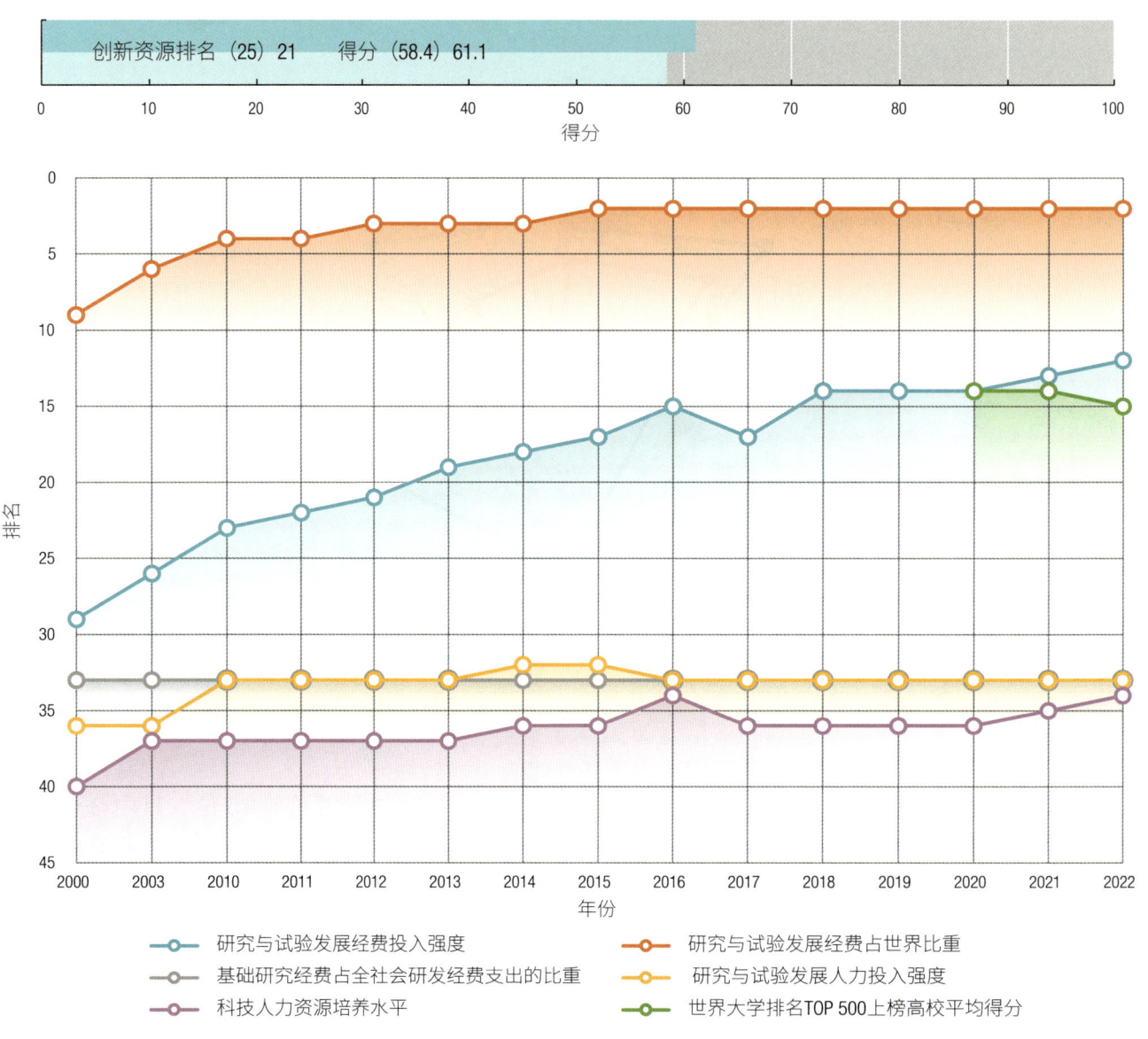

### 3. 基础研究投入比例低位徘徊，与发达国家相比仍有差距

近年来中国基础研究取得很大进展，但与发达国家相比仍有差距，基础研究仍然是整个科技创新链条的短板。中国基础研究经费占全社会研发经费支出的比重为6.00%，位次与上年一致，仍保持在第33位，与美国（15.07%）、日本（12.29%）、韩国（14.45%）、英国（18.27%）、法国（21.10%）等科技创新发达国家差距明显。

# 3 知识创造

创新大国知识产出表现突出

欧洲国家论文影响力位居前列

中日美韩技术发明高度活跃

中国知识创造水平继续领先

国家创新指数报告 2022—2023

知识创造水平是国家创新能力的直接体现，反映了一个国家的科研产出能力和科技整体实力。知识创造分指数采用学术部门百万研究与试验发展经费科学论文被引次数、高被引论文数量占本国论文比重、亿美元工业增加值工业设计注册申请量、亿美元经济产出发明专利授权量、有效专利数量占世界比重5个二级指标，来测度国家知识产出水平。

## （一）创新大国知识产出表现突出

在知识创造分指数排名中，主要创新大国位居前列。在第一集团中，位列前三名的依次是韩国、美国、中国，得分均超过80分，与其他国家拉开一定差距。排名第4位至第15位的国家依次是日本、英国、斯洛文尼亚、匈牙利、罗马尼亚、瑞士、冰岛、新西兰、土耳其、意大利、荷兰、法国。在第二集团中，除排名第28位的南非以外，其他均为发达国家。奥地利、爱尔兰等发达国家和大多数的发展中国家则位居第三集团（图3-1）。

与上年相比，位居前列国家地位稳固，韩国、美国、中国、日本、英国、斯洛文尼亚前6位国家没有变化。部分国家位次变动剧烈。土耳其排名提升最大，从第31位升至第12位，从第三集团跻身第一集团。意大利排名提升8位，从第二集团进入第一集团。葡萄牙和澳大利亚分别提升6位。排名下降幅度较大的国家以发达小国为主。卢森堡下滑21位，从第9位降至第30位，落至第二集团。爱尔兰下滑12位，落至第三集团。新加坡、比利时分别下滑7位和5位。

图3-1 知识创造分指数世界排名与得分

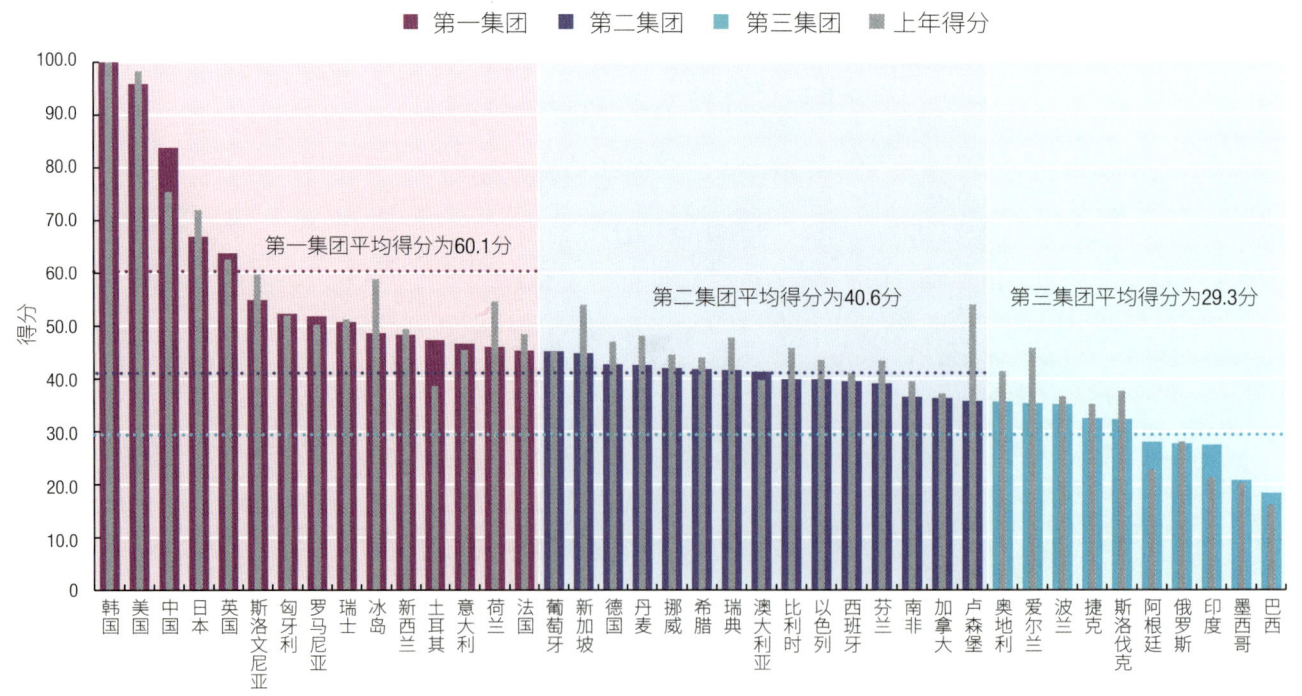

## （二）欧洲国家论文影响力位居前列

论文被引用情况反映了一国科研成果的影响力。以高被引论文占本国论文比重衡量，大多数国家位于1.0%~2.0%。新加坡位居第一，为2.9%。瑞士、比利时、丹麦、荷兰、澳大利亚5个国家在2.0%~2.5%。英国、新西兰、瑞典、挪威等20个国家在1.5%~2.0%。

德国、西班牙、葡萄牙、土耳其、捷克、韩国、斯洛伐克、日本在1.0%~1.5%。阿根廷、印度、波兰、墨西哥、俄罗斯、巴西在1.0%以下。在科学论文数量最多的10个论文大国中，除印度以外，中国、美国、英国、德国、意大利、澳大利亚、加拿大、法国、西班牙的高被引论文占比均处于1.5%~2.0%的中等水平（图3-2）。

以学术部门百万研究与试验发展经费科学论文被引次数衡量，国家之间差别较大。罗马尼亚、斯洛文尼亚、匈牙利3个国家的论文被引用次数超过850次，冰岛、葡萄牙、新西兰、英国、瑞士等10个国家在500~800次。以色列、波兰、意大利、瑞典等17个国家在300~500次。其他国家在300次以下，中国、法国、韩国、德国、美国、日本等研发大国也都在这一群组里。

图3-2　科学论文被引用情况

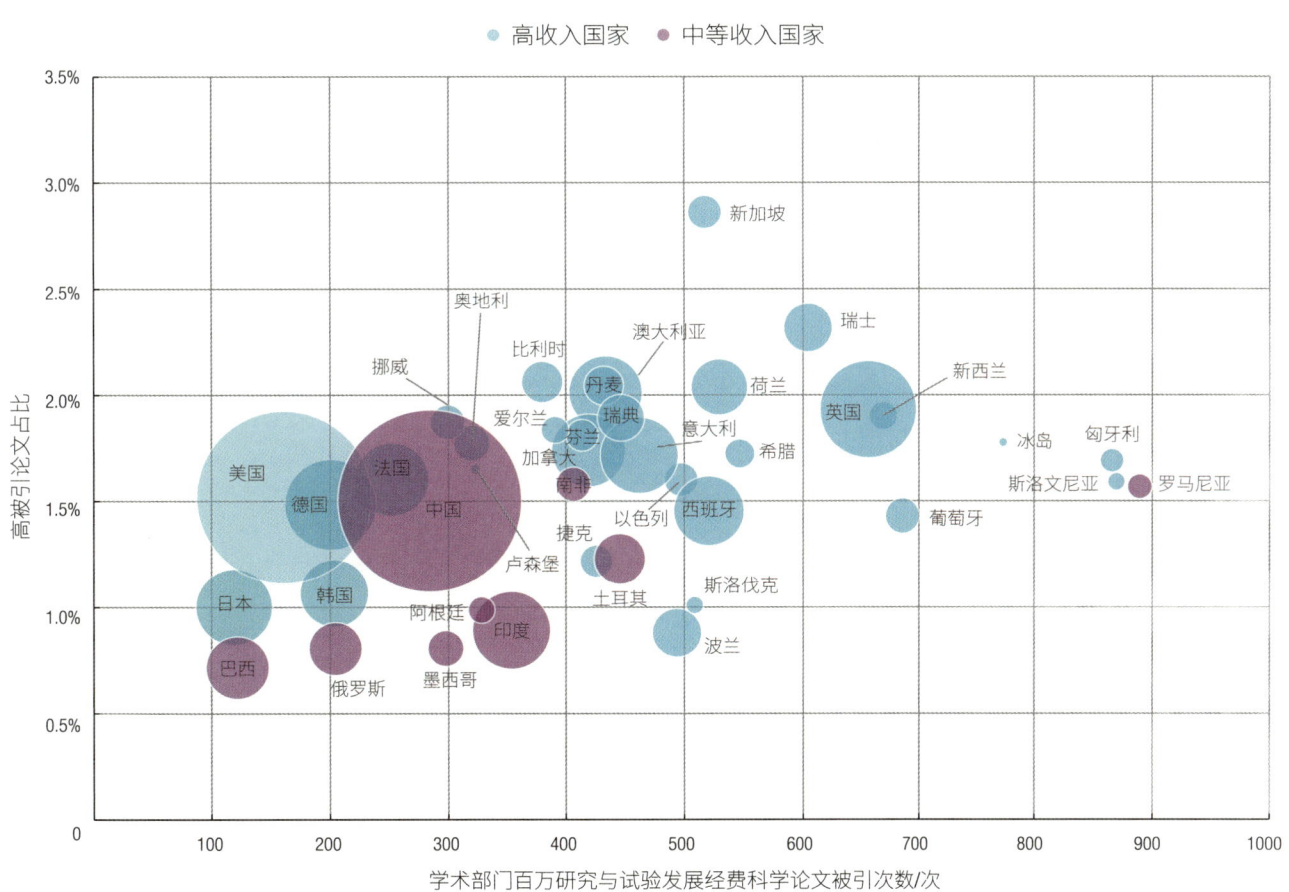

注：气泡大小反映"科学论文数"。

## （三）中日美韩技术发明高度活跃

发明专利情况反映了一个国家技术发明的活跃程度。从发明专利产出效率看，韩国位居第一，亿美元经济产出发明专利授权量高达 6.3 件，远远超过其他国家。日本、中国、俄罗斯均超过 1 件，分别为 2.8 件、1.6 件、1.2 件。美国、斯洛文尼亚超过 0.5 件，分别为 0.8 件和 0.6 件。意大利、法国、波兰、德国等 20 个国家集中在 0.1~0.5 件。新加坡、南非、斯洛伐克等 14 个国家则不足 0.1 件（图 3–3）。

发明专利拥有情况与经济活动规模密切相关，在地理分布上呈现出高度聚集的特征。从本国人拥有有效专利数量来看，中国、日本、美国遥遥领先，均超过 160 万件，分别占世界比重的 31.3%、22.9% 和 22.2%。韩国以 83 万件的有效专利数量位居第四，占世界比重的 11.5%。意大利、法国、俄罗斯有效专利数量在 15 万 ~25 万件，占世界比重超过 2%。英国有效专利数量超过 5 万件，其他国家均不足 3 万件。

图 3-3　亿美元经济产出发明专利授权量

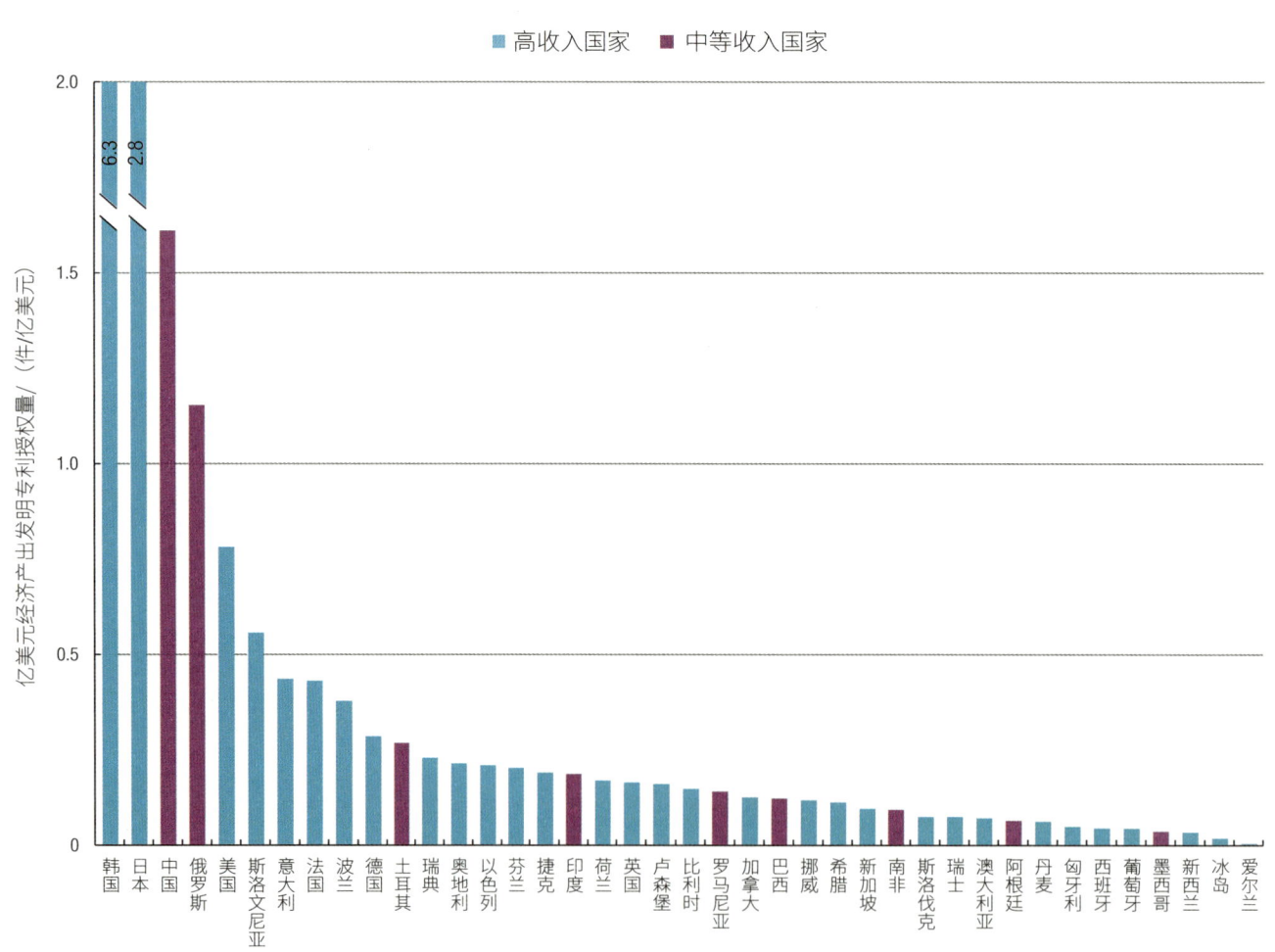

## （四）中国知识创造水平继续领先

### 1. 知识创造排名稳定，居世界第 3 位

中国的知识创造分指数得分 83.7 分，较上年提升 8.3 分，国际排名第 3 位，在五个一级指标中排名首位。知识创造分指数下设的 5 个二级指标中，有 2 个指标排名出现变动，其余指标排名不变。知识创造分指数排名的上升，主要得益于高被引论文数量占本国论文比重的提高。

知识创造分指数是中国唯一进入前 5 位的分指数，得分在 5 个分指数中最高，构成中国的创新比较优势。与排名前 5 位中的韩国、美国、日本和英国相比，"亿美元工业增加值工业设计注册申请量"和"有效专利数量占世界比重"构成中国的优势指标，排名居世界首位；"学术部门百万研究与试验发展经费科学论文被引次数"和"亿美元经济产出发明专利授权量"2 个指标虽然与另外四个国家水平相当，但得分较低，均在 35 分以下（图 3-4）。中国若要在知识创造方面有更佳表现，需要大幅提升国际论文的影响力和专利产出效率。

图 3-4 知识创造分指数排前 5 位的国家

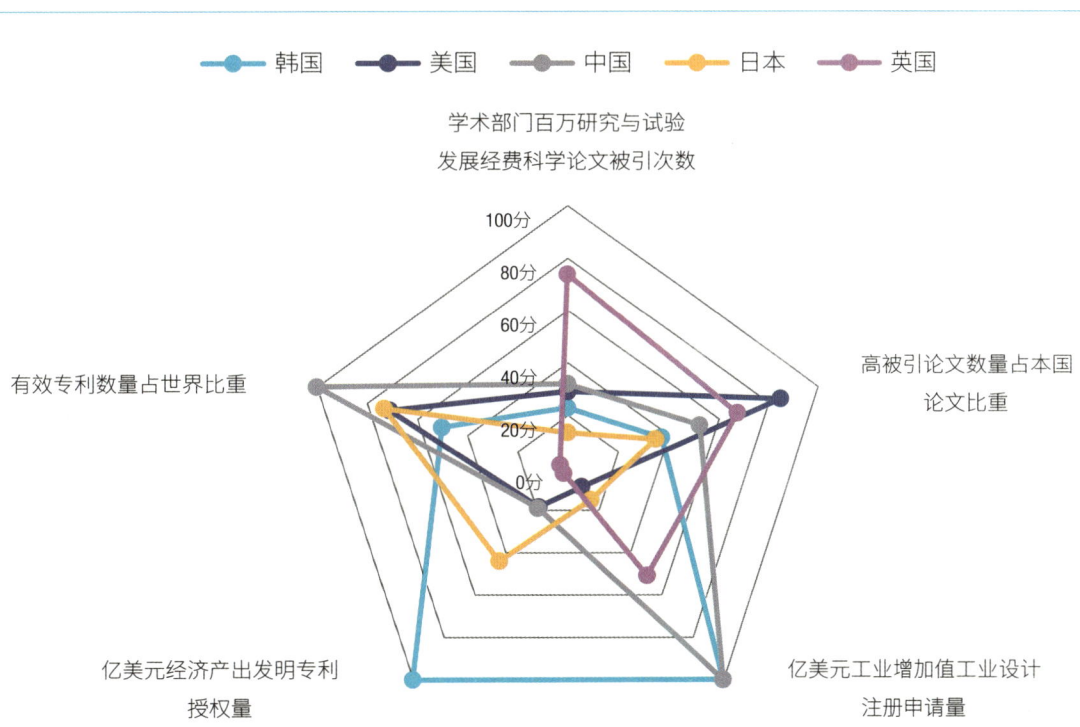

## 2. 专利产出优势明显，论文产出效率仍待提高

从 5 个二级指标国际排名看，中国与专利相关的 3 个指标排名靠前。亿美元工业增加值工业设计注册申请量、有效专利数量占世界比重 2 个指标排名稳居世界首位，在国际竞争中具有绝对优势；亿美元经济产出发明专利授权量居世界第 3 位，仅次于韩国和日本。与论文产出相关的 2 个指标排名相对落后，其中，学术部门百万研究与试验发展经费科学论文被引次数指标下降明显，排名较上年下降 4 位；高被引论文数量占本国论文比重指标排名有所提升，排名第 27 位，产出效率仍待提高。

从二级指标的变化趋势看，亿美元经济产出发明专利授权量排名上升快、提升幅度大，从 2000 年的第 15 位提高至 2019 年的第 3 位；学术部门百万研究与试验发展经费科学论文被引次数排名波动较大，2022 年排名较上年下降 4 位，位居第 33 位；高被引论文数量占本国论文比重继续增长，排名较上年提高 2 位居第 27 位，表明中国科技论文的整体影响力在持续攀升。专利产出方面，亿美元工业增加值工业设计注册申请量、有效专利数量占世界比重 2 个指标居世界第一，处于全球领先地位（图 3-5）。

图 3-5　中国知识创造分指数构成指标的世界排名

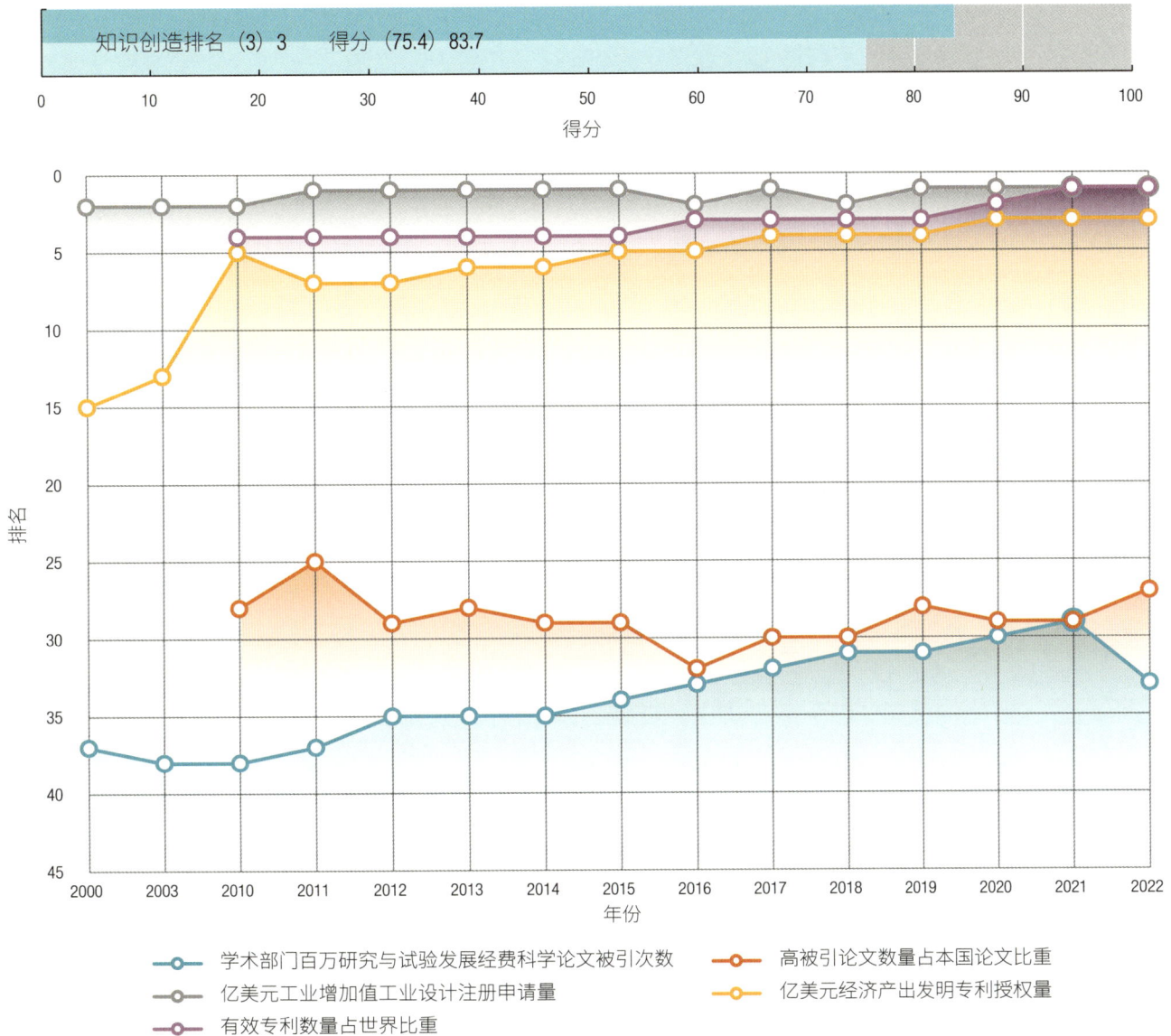

### 3. 工业设计注册申请量全球领先，未来仍有较大发展空间

从规模上看，全球工业设计申请量的集中度较高，中国、韩国、英国、日本和美国 5 个国家的工业设计注册申请量之和占全球的 90% 以上。中国国内工业设计注册申请量居全球首位。韩国国内工业设计注册申请量占世界比重约为 5.5%；美国国内工业设计注册申请量占世界比重约为 1.7%。

尽管中国国内工业设计注册申请量已达到较大规模，但大多数是国内直接申请，通过国际设计系统提交的工业外观设计数量相对较少，与专利强国相比还有明显差距。未来，中国工业设计企业要加快"走出去"步伐，进一步提高企业创新意识和动力。

# 4 企业创新

国家间企业创新能力差异较大

以色列和韩国企业研发投入强度优势明显

发达国家企业普遍重视知识产权海外布局

中国企业创新的国际竞争力进一步提高

企业是开展创新活动的重要主体，也是国家创新体系的重要组成部分。企业创新的规模和产出效益，在很大程度上体现了一个国家的创新能力。企业创新分指数采用企业研究与试验发展经费与增加值之比、企业研究人员占全社会研究人员比重、三方专利数占世界比重、万名企业研究人员PCT专利申请数、知识产权使用费收入占服务业出口贸易比重5个二级指标，来综合测度企业的创新活动。

## （一）国家间企业创新能力差异较大

在企业创新分指数排名中，国家间企业创新能力差别巨大。日本位列首位，美国位列第2位，瑞士位列第3位。3个集团的得分存在较大差距。第一集团包括日本、美国、瑞士、以色列、荷兰、韩国、瑞典、德国、芬兰、卢森堡、冰岛、中国、法国、丹麦、奥地利，其平均得分为55.8分。第二集团包括比利时、加拿大、英国、新加坡等国家，平均得分为28.1分。第三集团包括俄罗斯、葡萄牙、墨西哥、巴西等国，平均得分为13.3分（图4-1）。

与上年相比，各国排名变动较小。冰岛排名提升幅度最为明显，从第17位上升至第11位，取代比利时进入第一集团。其余国家排名不变或变动不大。新西兰排名提升2位，法国、丹麦、英国排名分别下滑2位。

图 4-1 企业创新分指数世界排名与得分

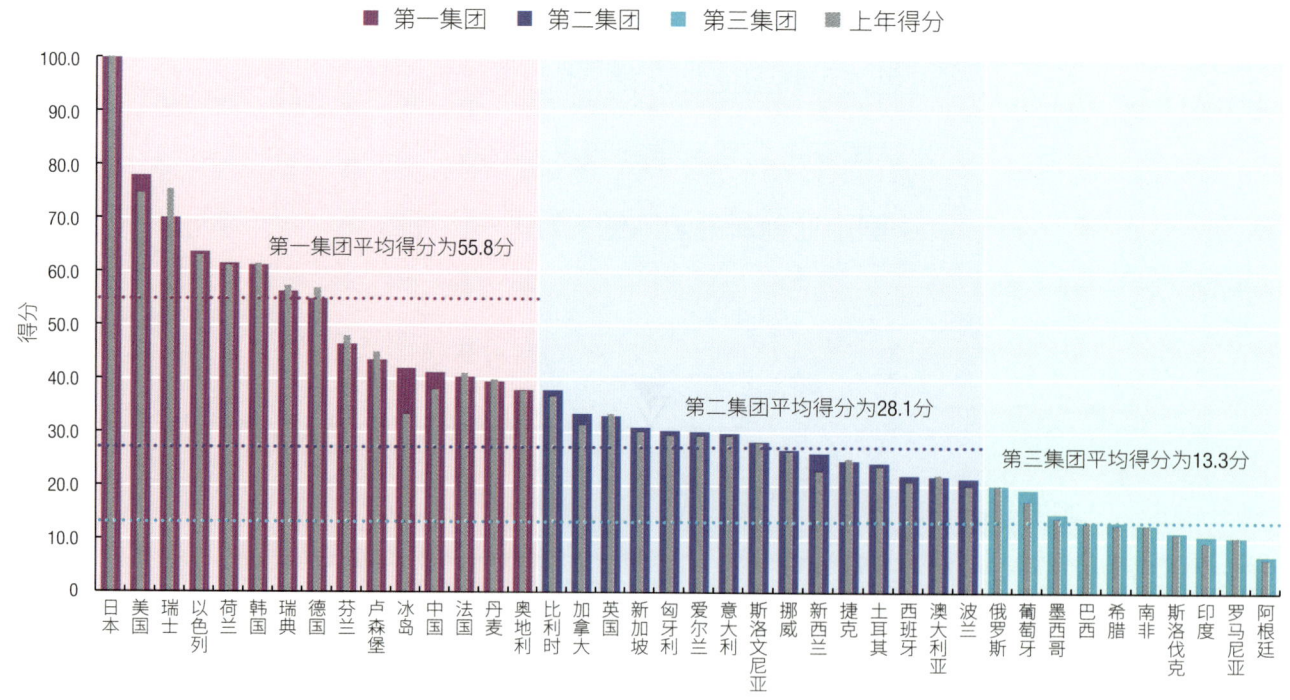

## （二）以色列和韩国企业研发投入强度优势明显

创新型国家通常拥有活跃的创新主体，企业更注重对创新前端的投入。以色列的企业研发活动最为活跃，企业 R&D 经费与增加值之比高达 8.3%，远超其他国家。韩国次之，为 5.6%，瑞典、比利时超过 4%。美国、日本、奥地利、芬兰、德国、瑞士、丹麦 7 个国家在 3%~4%。冰岛、法国、荷兰、斯洛文尼亚、中国等 19 个国家大部分国家在 1%~3%。爱尔兰、俄罗斯、卢森堡、斯洛伐克等 10 个国家在 1% 以下（图 4-2）。

企业创新活跃通常意味着有更多的企业研究人员。以色列企业研究人员占全社会研究人员比重最高，达到 97.8%，韩国次之，为 81.8%。日本、美国、瑞典为 70%~75%。荷兰、土耳其、奥地利、法国、斯洛文尼亚、加拿大、德国等 13 个国家在 55%~70%；新加坡、挪威、捷克、波兰等 15 个国家在 30%~55%；希腊、罗马尼亚、巴西等 7 个国家不足 30%。

图 4-2　企业研发活动

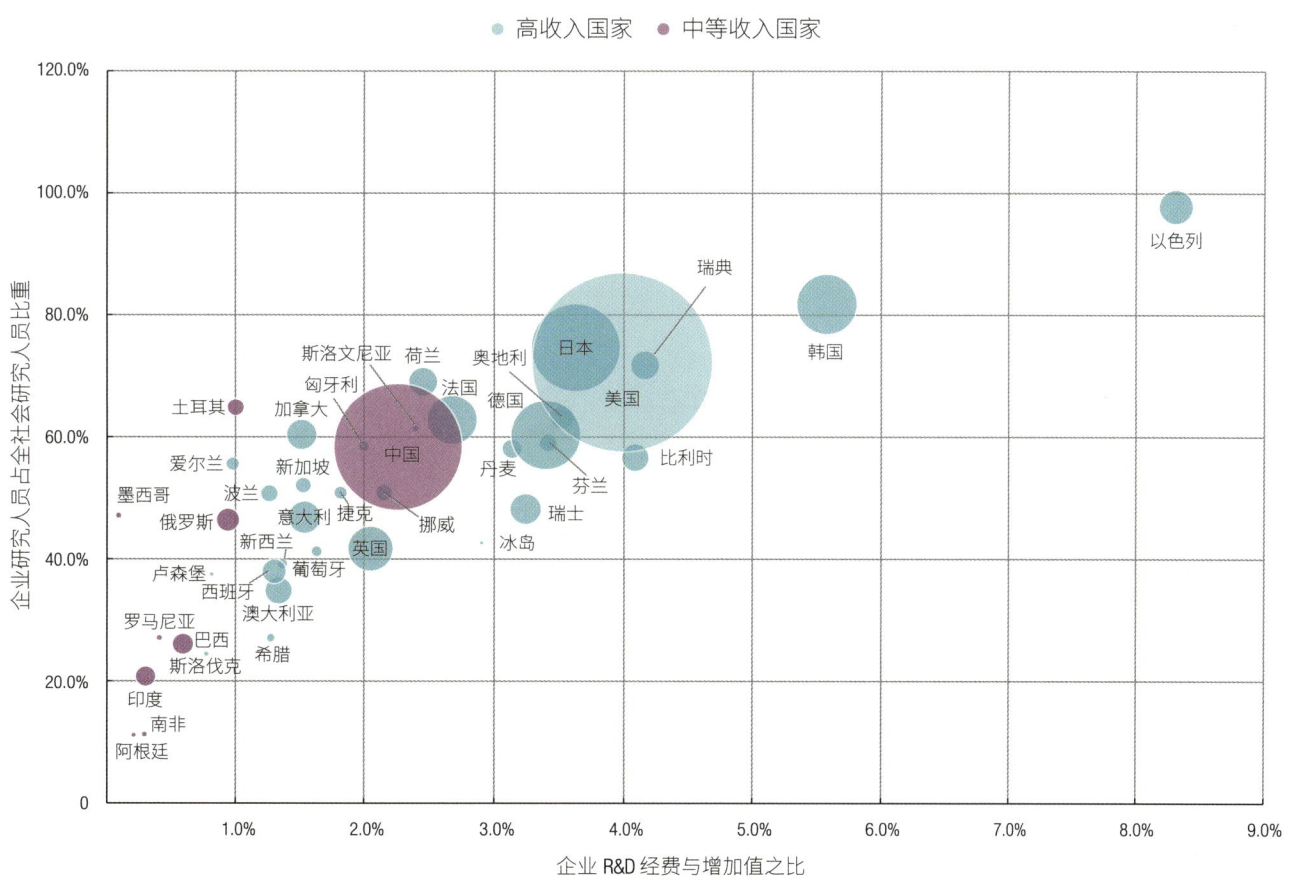

注：气泡大小反映"企业 R&D 经费支出"。

### （三）发达国家企业普遍重视知识产权海外布局

三方专利和 PCT 专利体现了企业技术发明的海外布局和国际竞争力。从专利国际化规模看，日本和美国拥有绝对优势，三方专利数分别为 1.7 万件和 1.3 万件，合计占世界三方专利数的一半以上。中国、德国和韩国分别超过 5000 件、4000 件和 3000 件，比重分别为 8.9%、7.8%、5.8%。法国、英国、瑞士均超过 1000 件，比重在 3% 左右。其他 32 个国家合计占比不足 15%。从国际化专利产出效率来看，卢森堡和瑞士拥有绝对优势，万名企业研究人员 PCT 专利申请数分别达到 2915 件和 2230 件。日本位居第三，为 981 件。瑞典、南非、芬兰、德国、丹麦等 11 个国家在 500~800 件。澳大利亚、中国、奥地利、意大利等 13 个国家在 200~500 件。土耳其、巴西、斯洛文尼亚等 13 个国家则不足 200 件（图 4-3）。

图 4-3 万名企业研究人员 PCT 专利申请数

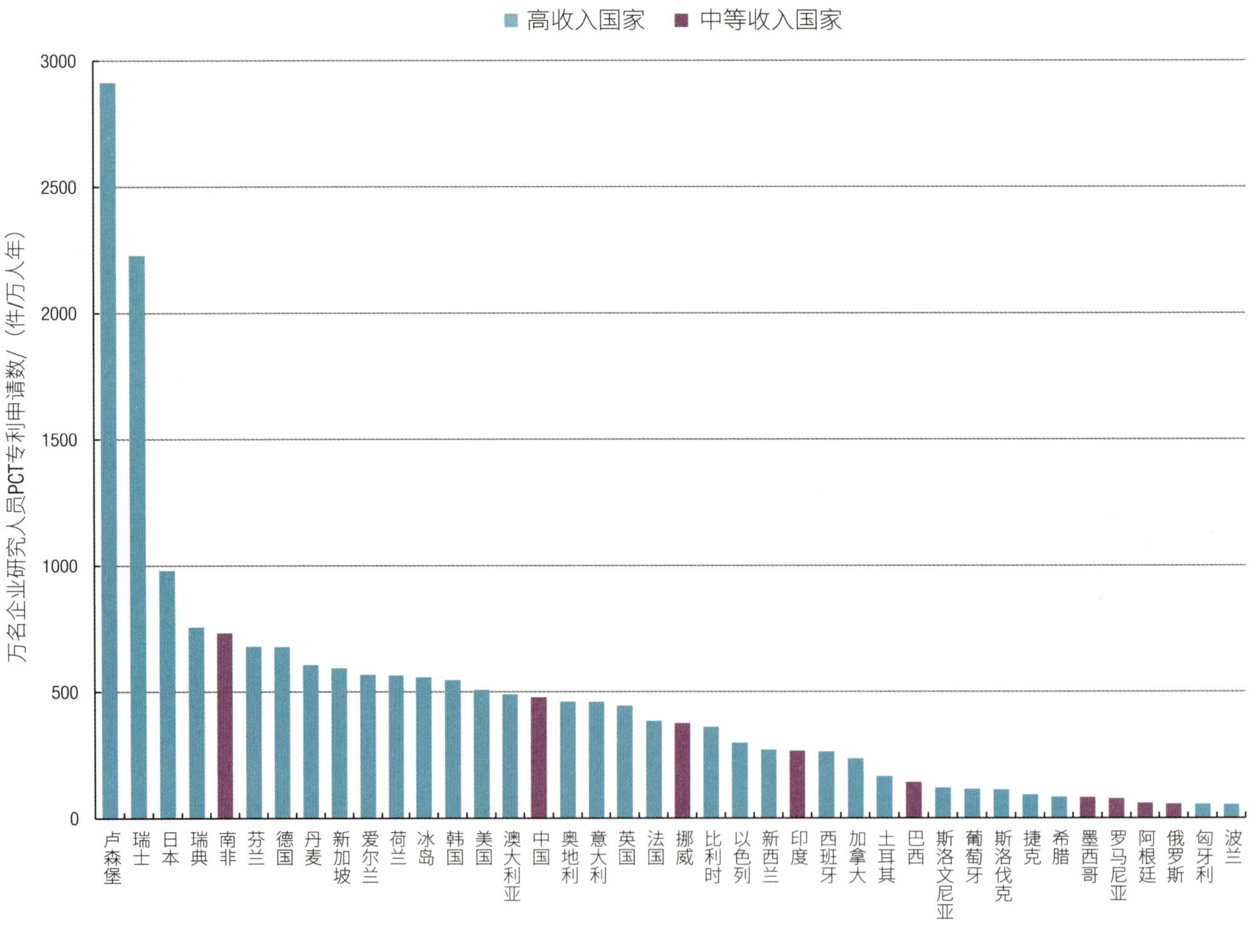

知识产权使用费已经成为发达国家服务贸易收入的重要来源。在知识产权使用费收入超过100亿美元的8个国家中,日本、荷兰、瑞士知识产权使用费收入占服务业出口贸易比重最高,均在20%以上,美国、德国分别超过15%和10%,英国、法国、爱尔兰则高于或接近5%。部分国家知识产权使用费收入规模相对少一些,但其占服务业出口贸易比重较高。冰岛、瑞典和芬兰知识产权使用费收入占服务业出口贸易比重超过10%,韩国、加拿大、新西兰超过7%(图4-4)。

图4-4 知识产权使用费收入占服务业出口贸易比重

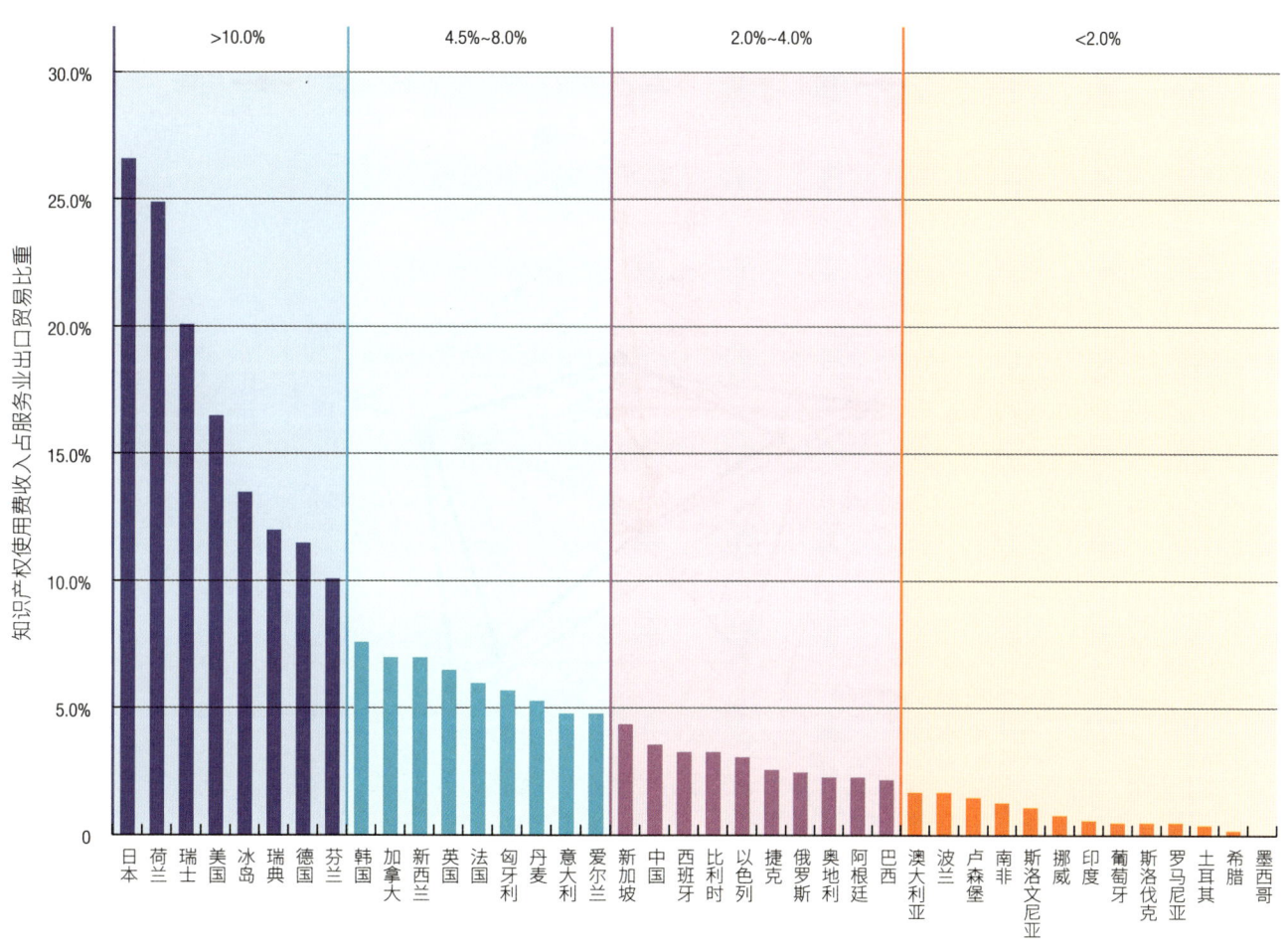

日本、美国、瑞士、以色列和荷兰是企业创新分指数排名前5位的国家。中国的企业创新分指数在5项分指数中尽管排名尚可，但得分最低，仅41.2分。从5个二级指标的表现看，中国相比5个前列国家存在较大差距。除"企业研究人员占全社会研究人员比重"指标得分接近60分，中国其他几项指标得分均不到30分。"万名企业研究人员PCT专利申请数"和"知识产权使用费收入占服务业出口贸易比重"2个指标表现最差，与前列国家的差距明显（图4-5）。企业创新指数排名要实现进一步跃升，需进一步提升研发经费投入力度，着力增强企业海外知识产权创造和保护能力。

图4-5　中国与企业创新分指数排前5位的国家

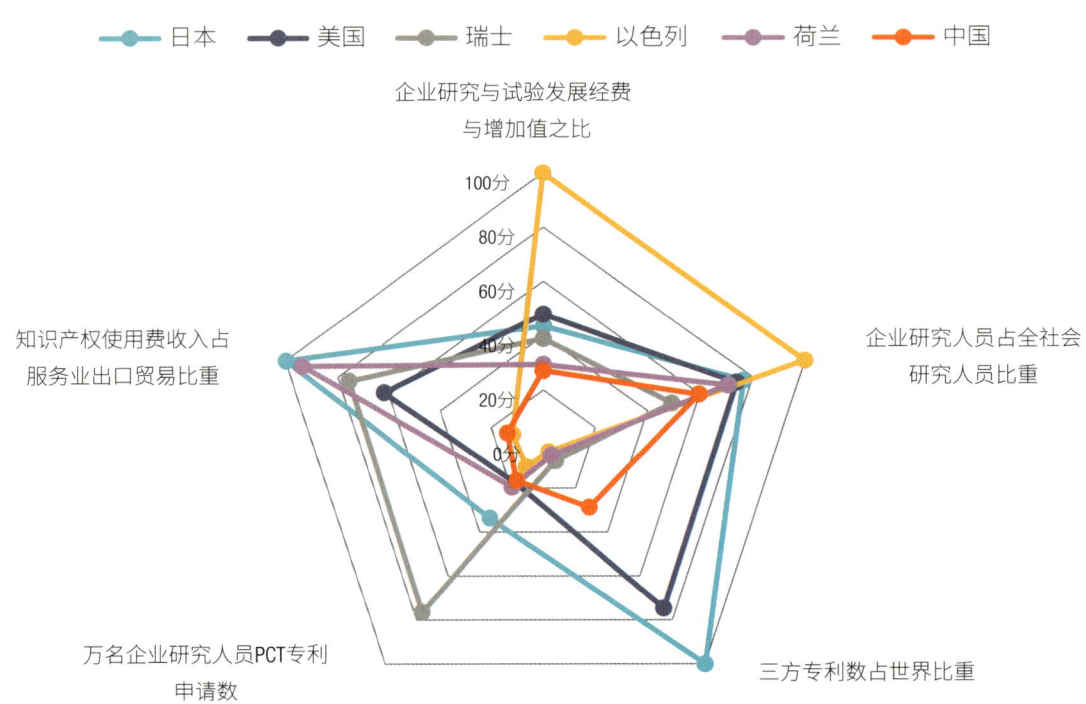

## （四）中国企业创新的国际竞争力进一步提高

### 1. 企业创新排名小幅提升，较去年提升 1 位

中国企业创新分指数得分 41.2 分，较上年提高 3.2 分，国际排名第 12 位，较上年提升 1 个位次，在五个一级指标中排名靠前。在表征企业创新的 5 个二级指标中，有 3 个指标的排名与上年相同，2 个指标的排名有所变动。企业创新排名的上升主要与知识产权使用费收入占服务业务出口贸易比重提高相关。

### 2. PCT 申请跃居世界首位，研发人员投入占比有所下滑

中国企业创新的 5 个二级指标排名相对均衡，三方专利数占世界比重为 8.93%，居全球第 3 位，仅次于日本和美国；企业研究与试验发展经费与增加值之比、万名企业研究人员 PCT 专利申请数排名与上年保持一致，居全球第 16 位。企业研究人员占全社会研究人员比重为 58.5%，排名第 15 位，较上年下降 2 位。知识产权使用费收入占服务业出口贸易比重为 3.64%，较上年提升 2 位，排名第 19 位。

中国的 PCT 申请量超过美国，跃居全球首位，但从产出效率看，万名企业研究人员 PCT 专利申请数排名世界第 16 位，与去年持平，仍未进入第一集团。企业研究人员占全社会研究人员比重由上年的 57.7% 增长至 58.5%，但排名由第 13 位下降至第 15 位，与上年相比下降 2 位（图 4-6）。

**图 4-6** 中国企业创新分指数构成指标的世界排名

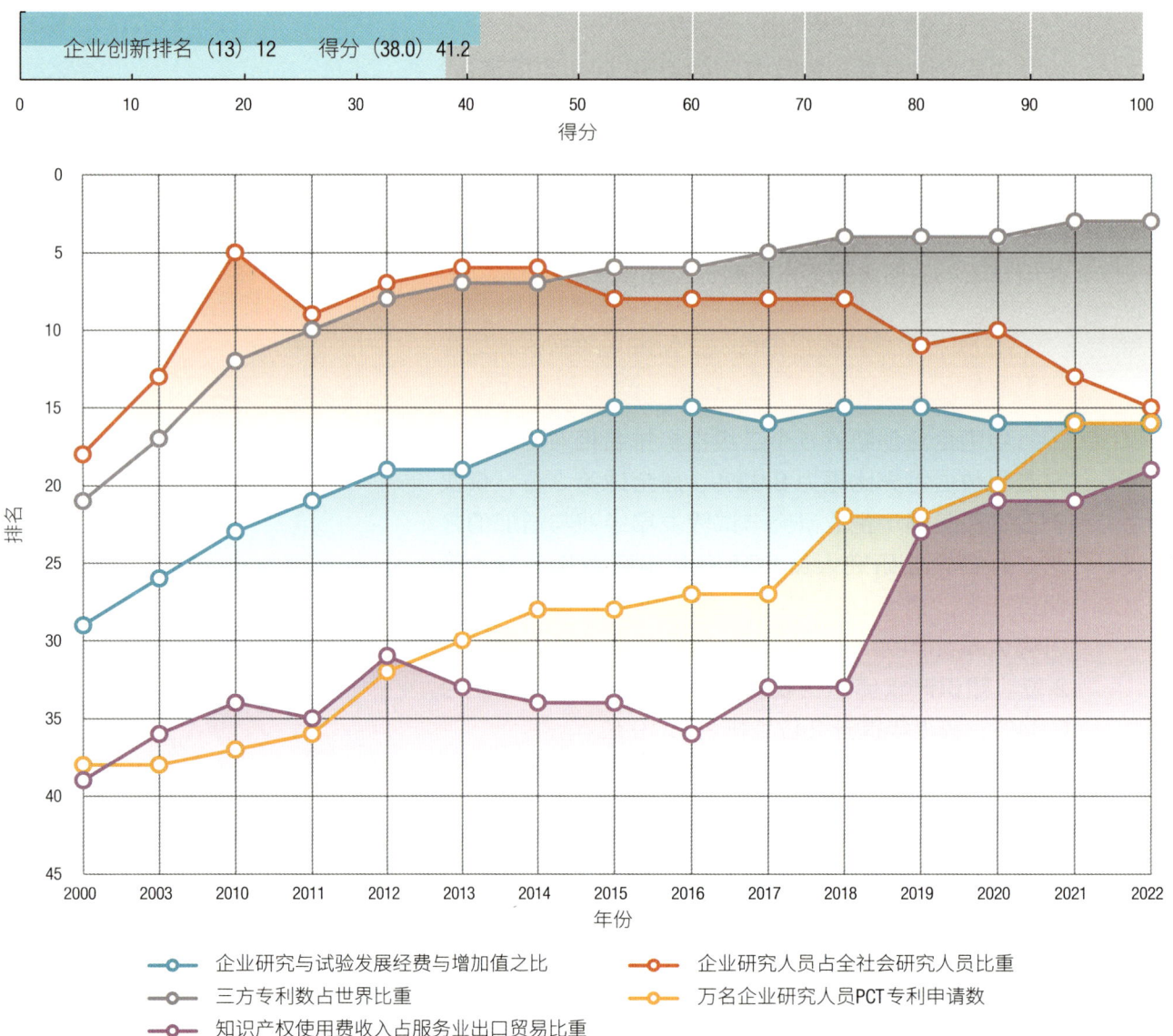

038 国家创新指数报告 2022—2023

# 5 创新绩效

各国创新绩效存在较大差距

绿色低碳发展需要世界共同努力

各国知识和技术密集型产业发展不均衡

中国创新绩效仍有较大提升空间

国家创新指数报告 2022—2023

创新绩效是一个国家开展创新活动所产生的成果和影响的集中表现。创新绩效分指数采用了劳动生产率、单位能源消耗的经济产出、单位$CO_2$排放的经济产出、知识密集型服务业增加值占服务业增加值比重、高技术和中高技术产业增加值占制造业增加值比重、高技术产品出口额占世界比重6个指标，来测度和评价创新活动的产出水平，以及创新活动对经济的贡献。

## （一）各国创新绩效存在较大差距

在创新绩效分指数中，各国之间存在巨大差距。瑞士位列第一，爱尔兰以98分排在第2位，瑞典、丹麦分列第3位、第4位，得分分别为80.8分和75.8分。以色列、美国、德国、新加坡、挪威、英国、法国、韩国、芬兰、日本、比利时均进入第一集团。荷兰、中国、奥地利、意大利、澳大利亚等国家处于第二集团，其中，进入该集团的中等收入国家只有中国和墨西哥，分列第17位和第29位。波兰、希腊等高收入国家及巴西、印度、南非、俄罗斯这4个金砖国家均处于第三集团（图5-1）。

与上年相比，各集团内国家构成保持相对稳定。韩国排名提升7位，由第二集团进入第一集团。以色列、新加坡分别提升3位。芬兰、捷克、加拿大、冰岛、葡萄牙分别前进2位。挪威、比利时、荷兰排名降幅最大，均下降3位，其中，荷兰从第一集团落至第二集团。

图5-1 创新绩效分指数世界排名与得分

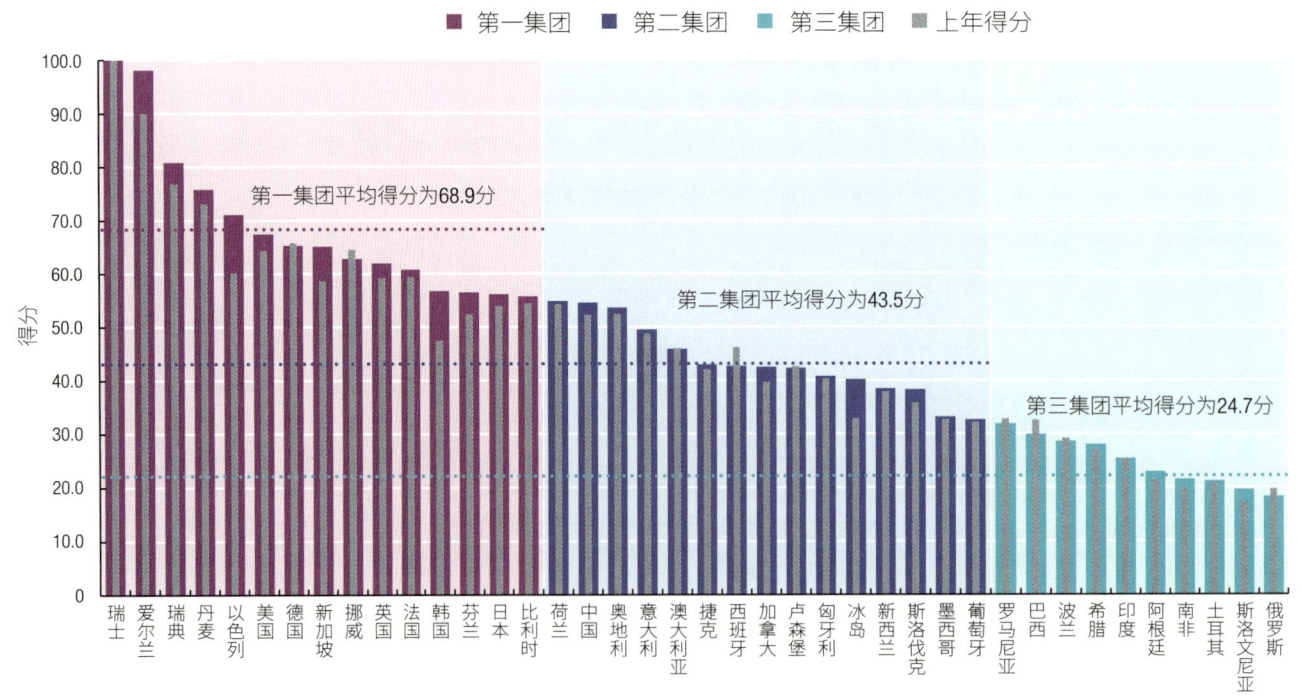

## （二）绿色低碳发展需要世界共同努力

绿色低碳发展需要以科技创新作为强有力的支撑。从能源经济效率看，大部分欧洲国家效率较高，发展中国家相对较低。瑞士和爱尔兰单位能源消耗的经济产出最高，分别为 27.7 美元/千克标准油和 21.9 美元/千克标准油。丹麦、英国、卢森堡均超过 15 美元/千克标准油。德国、意大利、荷兰等 16 个国家超过 10 美元/千克标准油，德国、日本、法国、美国这 4 个创新大国均在这一范围内。希腊、罗马尼亚、芬兰等 13 个国家处于 5~10 美元/千克标准油。在低于 5 美元/千克标准油的国家中，除冰岛外，土耳其、中国、印度、南非、俄罗斯均为中等收入国家（图 5-2）。

从碳生产力看，瑞士单位 $CO_2$ 排放的经济产出最高，接近 2 万美元/吨。北欧国家表现突出，瑞典、冰岛超过 1.5 万美元/吨，丹麦、挪威超过 1.1 万美元/吨。爱尔兰也超过 1.1 万美元/吨。法国、英国、芬兰、德国等 11 个欧洲国家，新加坡、以色列 2 个亚洲国家，以及新西兰在 0.5 万~1 万美元/吨。日本、美国、巴西、澳大利亚等 10 个国家在 0.2 万~0.5 万美元/吨。单位 $CO_2$ 排放的经济产出较低的国家主要是发展中国家。在金砖国家中，除巴西超过 0.4 万美元/吨外，中国、印度、俄罗斯、南非均低于 0.15 万美元/吨。

图 5-2 能源消耗和碳排放情况

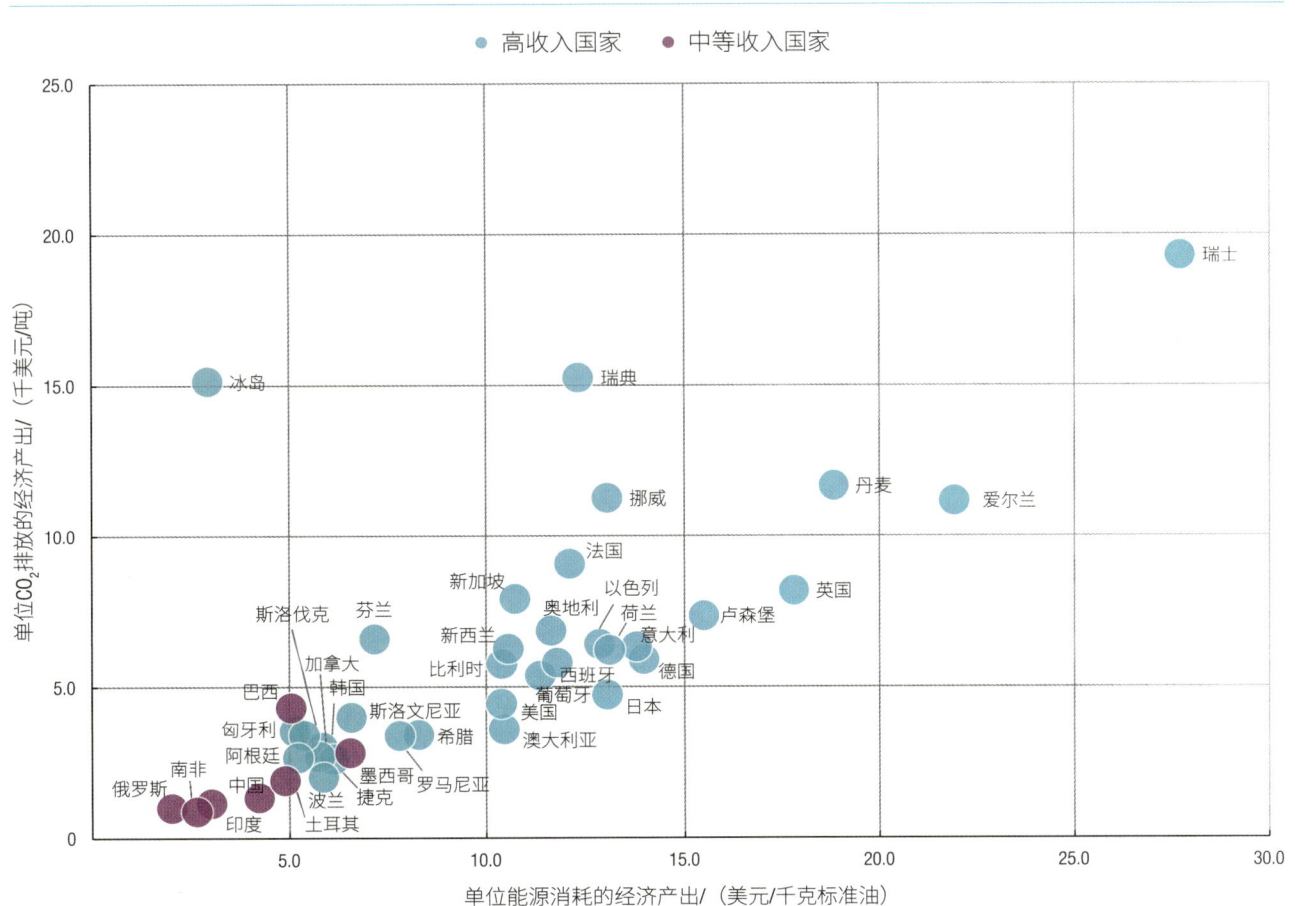

### （三）各国知识和技术密集型产业发展不均衡

产业升级是科技赋能、创新驱动发展的重要体现之一。在服务业领域，从知识密集型服务业增加值占服务业增加值比重看，爱尔兰最高，达到 17.8%。瑞典、以色列分别为 11.5% 和 10.9%，韩国也接近 10%。印度、芬兰、法国、英国、美国、澳大利亚、德国等 12 个国家在 5%~8%。荷兰、斯洛伐克、瑞士、日本、加拿大、中国、俄罗斯等 21 个国家低于 5%（图 5-3）。

在制造业领域，从高技术和中高技术产业增加值占制造业增加值比重看，新加坡最高，达到 79.2%。瑞士、德国分别为 66.7% 和 60.8%。韩国、丹麦、瑞典、日本、爱尔兰、美国均超过 55%，匈牙利、以色列、中国、比利时、捷克在 50%~55%。芬兰、墨西哥、巴西、英国、法国、南非等 13 个国家在 30%~50%。印度、波兰、罗马尼亚、澳大利亚、俄罗斯等 10 个国家在 30% 以下。

图 5-3 知识和技术密集型产业发展情况

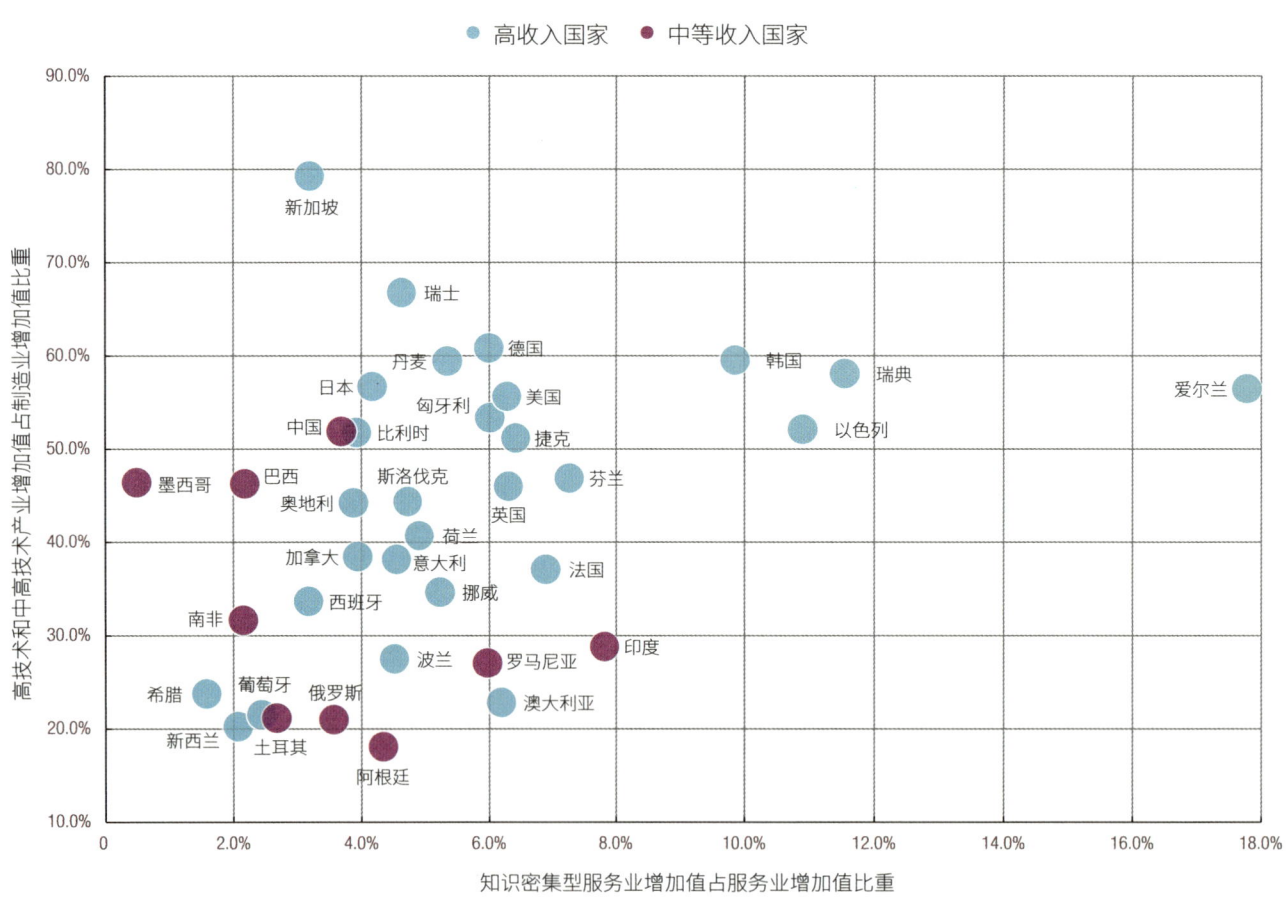

注：冰岛、卢森堡、斯洛文尼亚无数据。

创新绩效分指数排前 5 位的国家分别是瑞士、爱尔兰、瑞典、丹麦和以色列。与 5 个前列国家相比，中国的 6 个二级指标存在明显差异。"高技术产品出口额占世界比重"指标大幅领先 5 个前列国家，"高技术和中高技术产业增加值占制造业增加值比重"与 5 个前列国家的水平相当，"劳动生产率""单位能源消耗的经济产出""单位 $CO_2$ 排放的经济产出"和"知识密集型服务业增加值占服务业增加值比重"4 个指标则明显落后于 5 个前列国家，得分均在 25 分以下（图 5-4）。为缩小与创新强国在创新绩效分指数上的差距，中国需要提升创新效率和质量，大力推进节能减排和减碳降耗，以科技创新支撑经济高质量发展。

图 5-4　中国与创新绩效分指数排前 5 位的国家

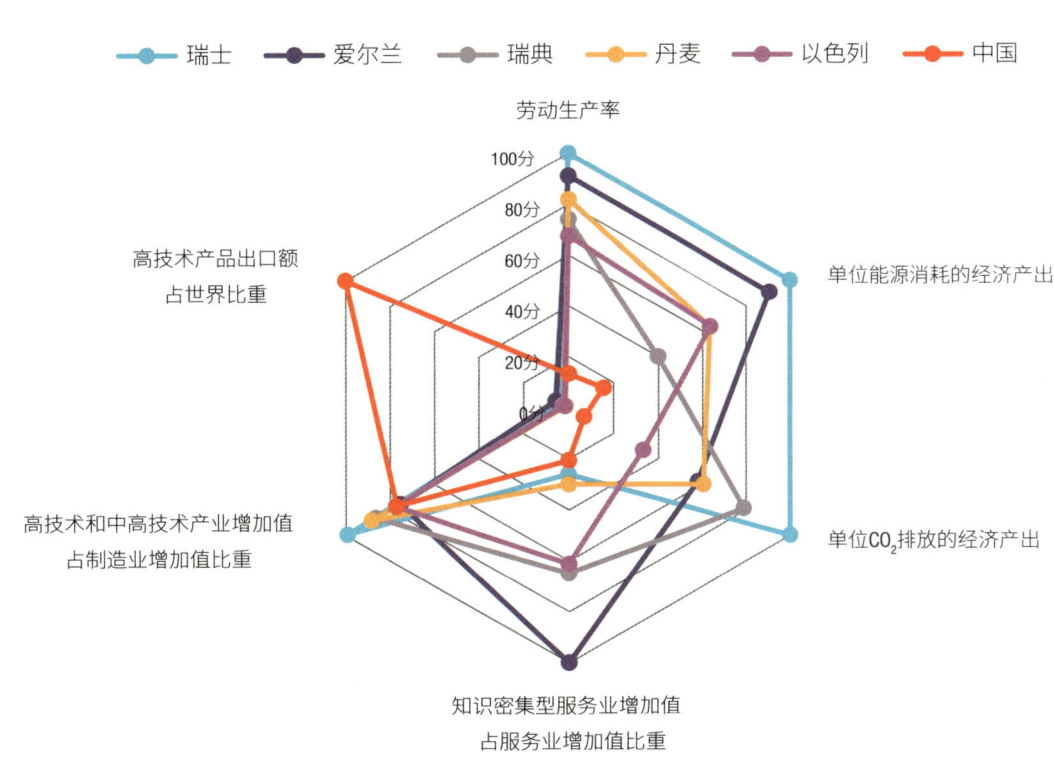

## （四）中国创新绩效仍有较大提升空间

### 1. 创新绩效排名不变，未能进入第一集团

中国创新绩效分指数得分 54.5 分，较上年小幅提高，世界排名第 17 位。在 6 个二级指标中，有 3 个指标的排名保持不变，2 个指标排名上升，1 个指标排名下降。整体来看，劳动生产率、单位能源消耗的经济产出、单位 $CO_2$ 排放的经济产出等指标排名相对靠后，制约了创新绩效排名提升。

### 2. 二级指标排名差异显著，转变发展方式依然面临挑战

创新绩效 6 个二级指标排名差异显著。其中，高技术产品出口额占世界比重居第 1 位；高技术和中高技术产业增加值占制造业增加值比重继续提升，排名较上年增加 3 位，居世界第 11 位；劳动生产率、单位 $CO_2$ 排放的经济产出排名依然在低位徘徊，分别居全球第 38 位和第 37 位，经济发展方式转变压力较大；单位能源消耗的经济产出排名上升 1 位，居第 35 位；知识密集型服务业增加值占服务业增加值比重排名下滑较多，排名由上年的第 21 位下降至第 27 位（图 5-5）。可见，各项二级指标之间的排名差距较大，当前中国创新绩效主要依靠高技术产业产出规模和技术总量来拉动，在产业转型升级方面仍面临较大压力。

从二级指标的变化趋势看，自 2000 年以来，中国劳动生产率、单位能源消耗的经济产出、单位 $CO_2$ 排放的经济产出指标数值虽然逐年提高，但提升幅度不明显，国际排名一直处于较为靠后位置。中国在高技术产业出口方面拥有较强的竞争优势，高技术产品出口额占世界比重自 2007 年以来一直位于全球首位，是拉动创新绩效的主要力量。

图 5-5 中国创新绩效分指数构成指标的世界排名

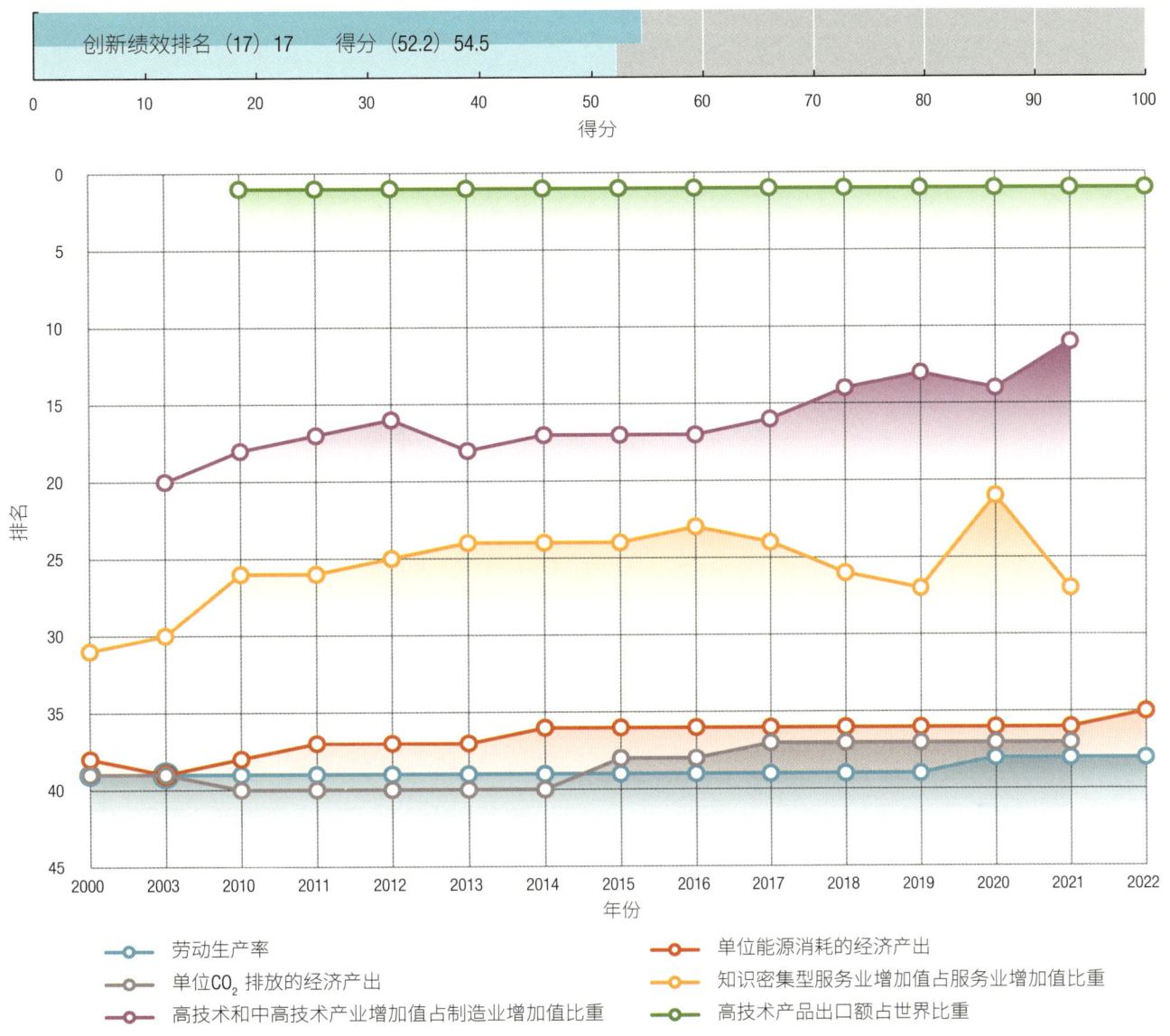

### 3. 知识密集型服务业蓬勃兴起，未来仍有较大发展空间

我国知识密集型服务业占比排名总体呈波动上升趋势，从 2002 年的第 30 位上升至 2012 年的第 24 位，2019 年排名有所下降，居全球第 27 位。从发展增速看，中国知识密集型服务业增加值从 2002 年的 182.8 亿美元增至 2019 年的 2855.0 亿美元，年均增速约 17.5%，快于同期美国、英国、韩国和日本等主要创新国家增速。从规模看，当前我国知识密集型服务业增加值仅次于美国，总体规模约为美国的 1/4，未来仍有较大的提升空间。

# 6 创新环境

经济发达的欧美国家位居前列

新加坡等创新小国的市场环境比较优越

荷兰等国家拥有浓郁的创业氛围

中国创新环境还需进一步改善

国家创新指数报告 2022—2023

创新环境是提升国家创新能力的重要保障，政策、制度、经济、文化、社会等创新生态环境要素直接影响了创新活动和创新主体的方方面面。创新环境分指数采用法治环境、营商的政策环境、市场管制质量、信息化发展水平、风险资本可获得性、外商直接投资净流入与 GDP 之比、企业与大学研究与发展协作程度、创业文化 8 个二级指标，从不同角度综合测度创新活动的环境和氛围。

## （一）经济发达的欧美国家位居前列

在创新环境分指数排名中，经济相对发达的欧美国家排名靠前。新加坡位列第一，卢森堡、荷兰、美国、瑞士分列第 2 位至第 5 位，得分均超过 95 分。挪威、丹麦、芬兰、瑞典 4 个北欧国家均超过 90 分，与爱尔兰一起分列第 6 位至第 10 位。加拿大、德国、英国、奥地利、新西兰进入第一集团，得分均超过 85 分。比利时、法国、冰岛、以色列、澳大利亚、韩国、日本、中国等国家处于第二集团，其中，只有中国、印度这两个中等收入国家位列其中。意大利、波兰、希腊等国家处于第三集团，得分在 45~65 分（图 6-1）。与上年相比，部分国家排名变动较大。卢森堡排名升幅最大，其次是爱尔兰，分别提升 14 位和 12 位，均从第二集团跻身第一集团。挪威、奥地利、比利时分别提升 7 位、7 位和 8 位，其中，奥地利从第二集团进入第一集团。排名降幅最大的是以色列，下滑 13 位；其次是日本，下滑 10 位，均从第一集团落至第二集团。

图 6-1　创新环境分指数世界排名与得分

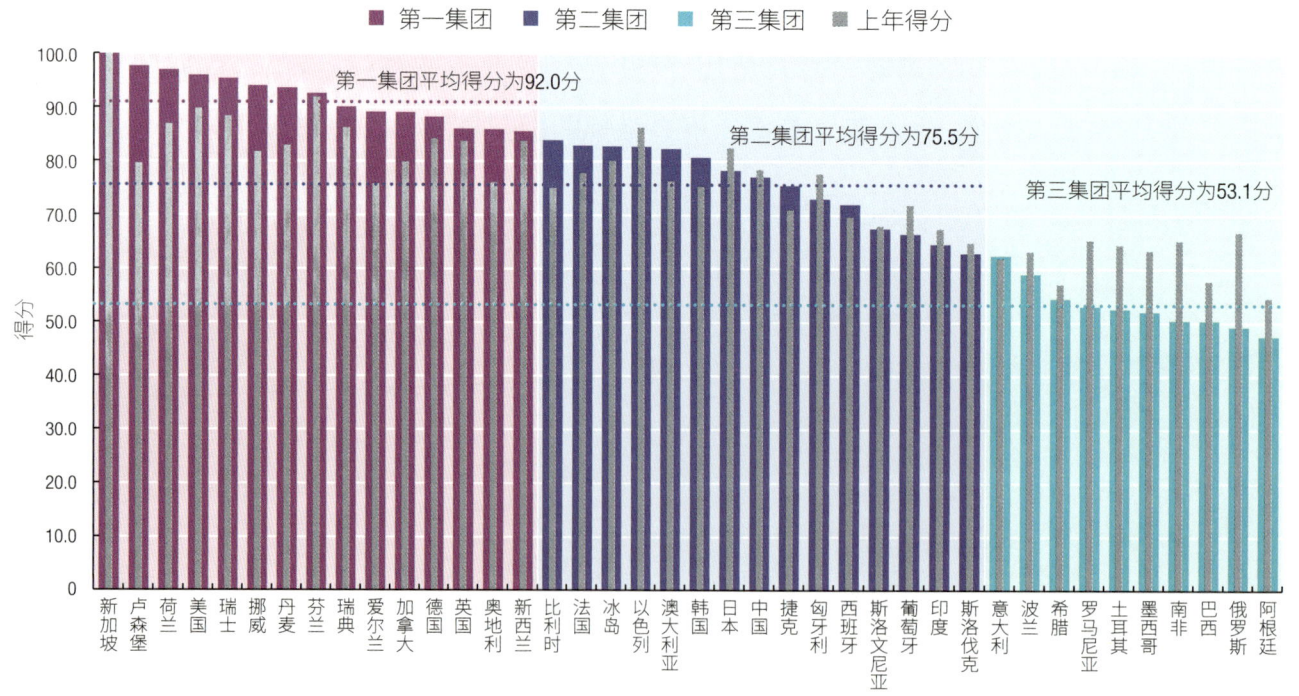

## （二）新加坡等创新小国的市场环境比较优越

高效、灵活、有序的市场运行环境是激发企业创新积极性、实现活跃创新创业的必备条件。在营商的政策环境（得分区间为1~100分）方面，瑞士得分最高，为91.5分，卢森堡、新加坡、奥地利均超过80分。美国、荷兰、爱尔兰、丹麦、德国、中国、芬兰和挪威在70~80分。澳大利亚、加拿大、日本、法国、英国、韩国等11个国家在50~70分。葡萄牙、西班牙、意大利等14个国家在30~50分，其中，除中国外的4个金砖国家均处于这一得分范围内。墨西哥、波兰、阿根廷不足30分（图6-2）。

在市场管制质量（得分区间为1~100分）方面，新加坡获得满分，新西兰、芬兰、卢森堡、澳大利亚均超过90分。丹麦、荷兰、挪威、瑞典、加拿大、瑞士、德国、英国、爱尔兰、冰岛在80~90分。奥地利、日本、比利时等13个国家超过60分，其中，日本、美国、法国、韩国等创新大国在此区间内，且均超过70分。包括5个金砖国家在内的12个国家均在60分以下。

图 6-2 创新的市场环境

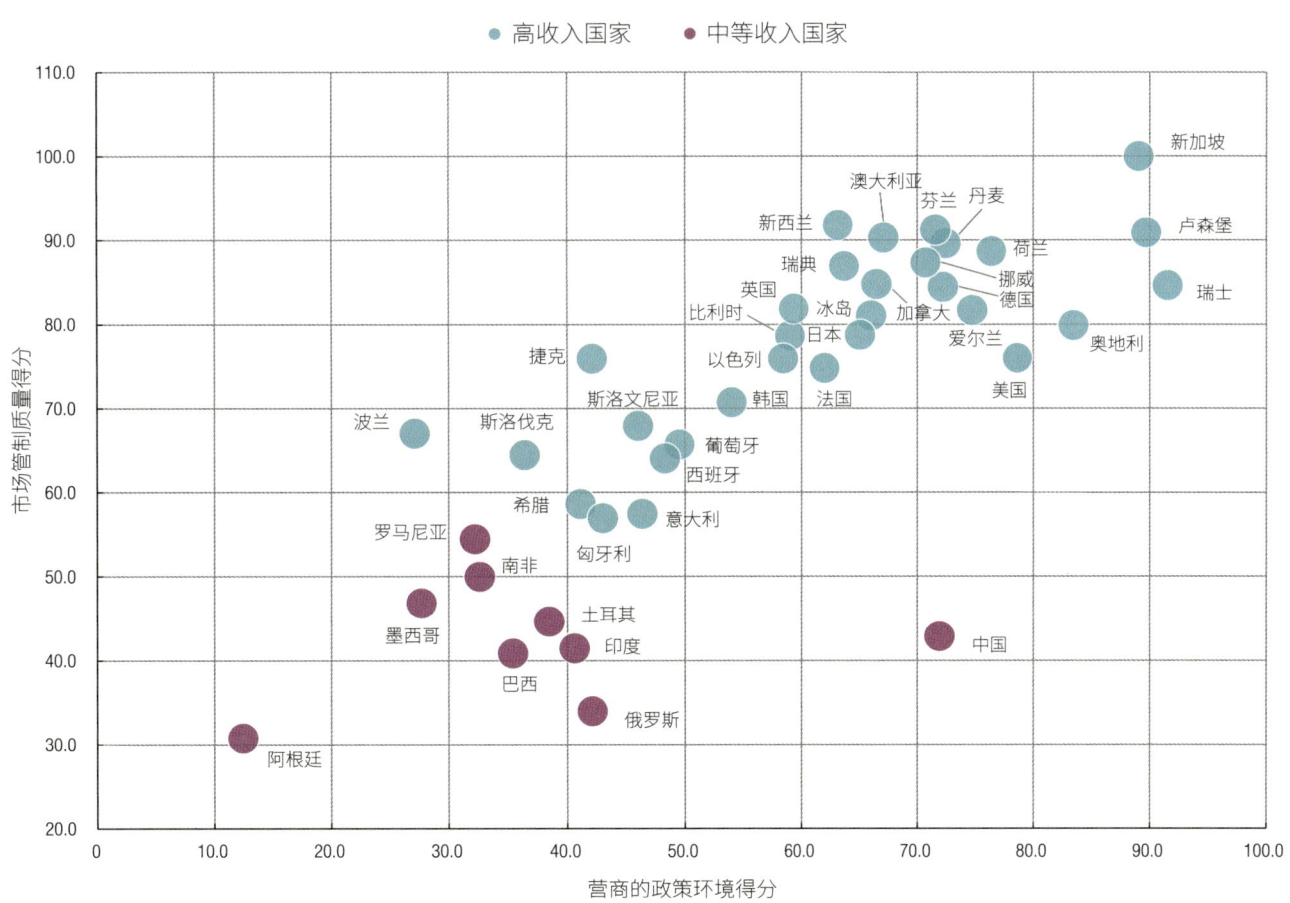

## （三）荷兰等国家拥有浓郁的创业氛围

蓬勃发展的创新创业离不开强有力的金融支持，风险资本可获得性是衡量金融市场活跃度的重要指标。美国、斯洛伐克和瑞典分列前3位，得分均在7.5分以上（最高分为10分）。荷兰、芬兰、挪威、丹麦、新加坡、瑞士、比利时、加拿大、爱尔兰、卢森堡得分为6~7.5分。法国、印度、以色列、中国等10个国家为5~6分。日本、奥地利、韩国、巴西等11个国家为4~5分。罗马尼亚、土耳其、南非、俄罗斯、阿根廷低于4分（图6-3）。

创业文化反映了一个社会对创业的包容性、欢迎度和支持度。从对创业文化的评价得分看（最高为100分），荷兰以97.3分位列第一。其次为挪威，得分80.5分。瑞士、法国、中国、阿根廷、卢森堡、印度、美国超过70分。韩国、丹麦、德国等9个国家为60~70分。比利时、奥地利、英国、以色列等9个国家为40~60分。包括日本、俄罗斯、南非、巴西在内的13个国家不足40分。

图6-3 创业环境

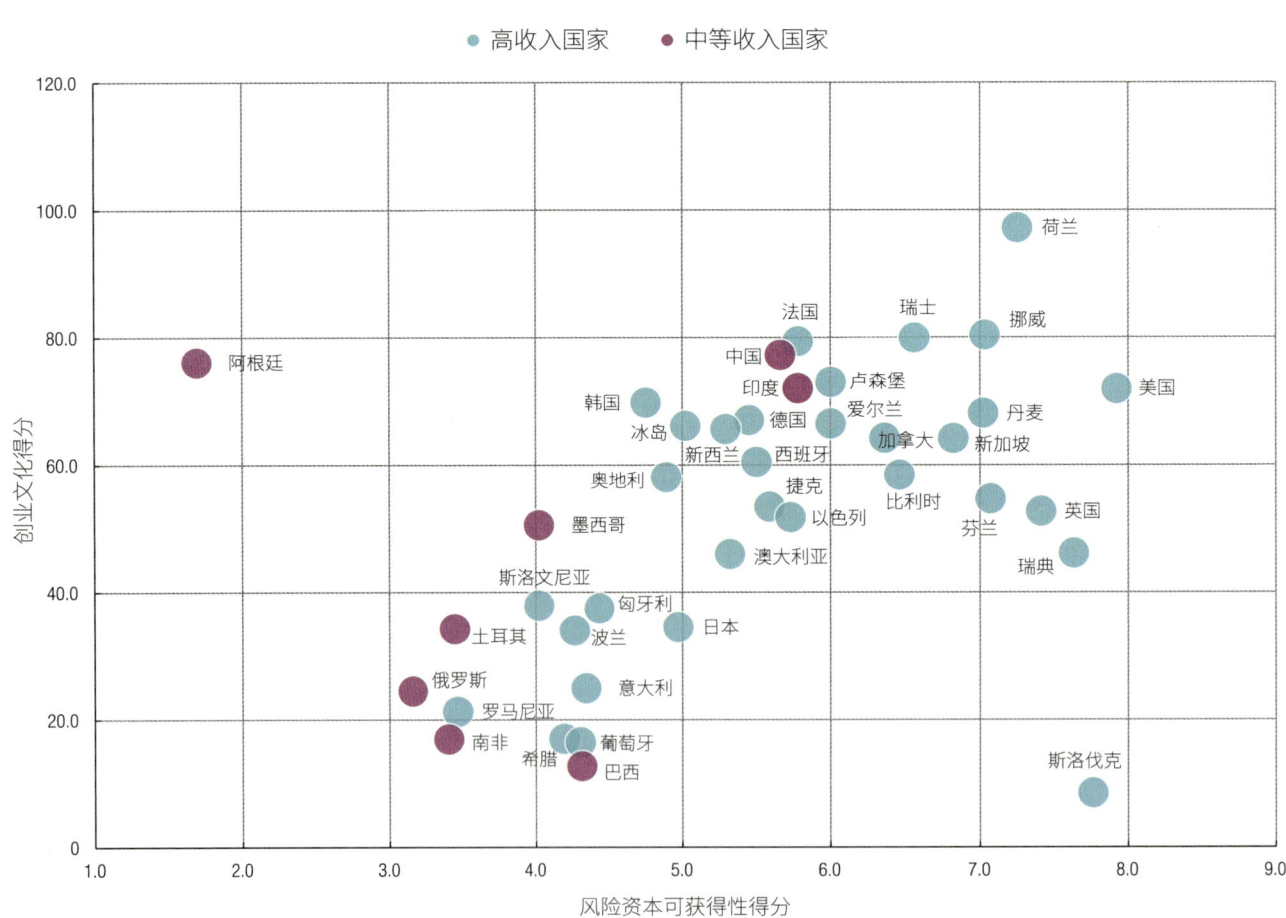

## （四）中国创新环境还需进一步改善

中国的创新环境分指数得分77.1分，较上年下降1.3分，国际排名下降幅度相对较大，由上年的第17位下降至第23位。在创新环境指数的8个二级指标中，法治环境、营商环境、市场管制质量、信息化发展水平和风险资本可获得性5个指标位次出现下降。可见，在全球化停滞和新冠感染疫情的大背景下，中国创新环境在一定程度上受到影响。

二级指标排名上，中国有5个指标与5个前列国家的水平相当，分别是"营商的政策环境""信息化发展水平""风险资本可获得性""企业与大学研究与发展协作程度""创业文化"，得分都在70分以上。表现不佳的3个指标是"法治环境""市场管制质量""外商直接投资净流入与GDP之比"，得分均低于50分（图6-4）。

图6-4 中国与创新环境分指数排前5位的国家

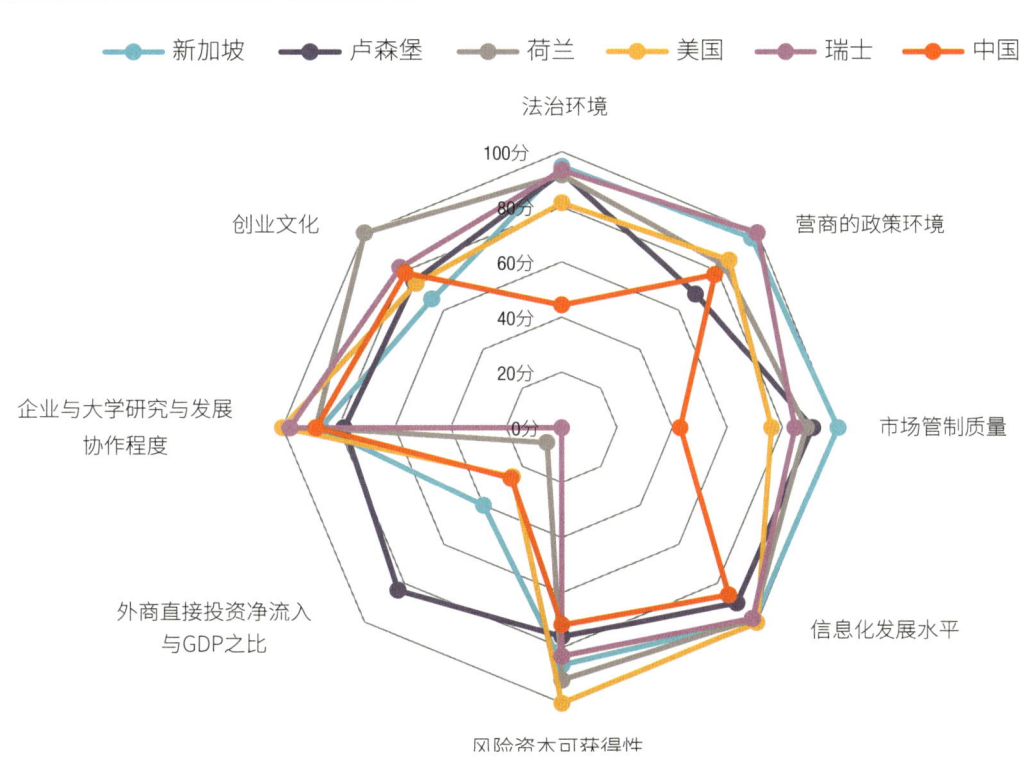

中国法治环境指标和市场管制质量指标排名靠后，处于第三集团，排名第34位和第36位。虽然近年来我国加大了对知识产权的保护力度，但与主要发达国家相比差距依然显著。世界知识产权组织发布的《全球创新指数2022》显示，法治环境方面，发达国家特别是欧洲小国表现突出，中国排名远低于德国（第14位）、日本（第15位）、英国（第17位）和美国（第19位）等传统科技强国，未来仍存在进一步提升空间。市场管制质量方面，中国排名世界第36位，与土耳其（第35位）、印度（第37位）和俄罗斯（第39位）排名相近，市场监管和知识产权保护意识仍待加强。

# 7 国别分析

# 阿根廷

2022—2023 总指数排名
**38**

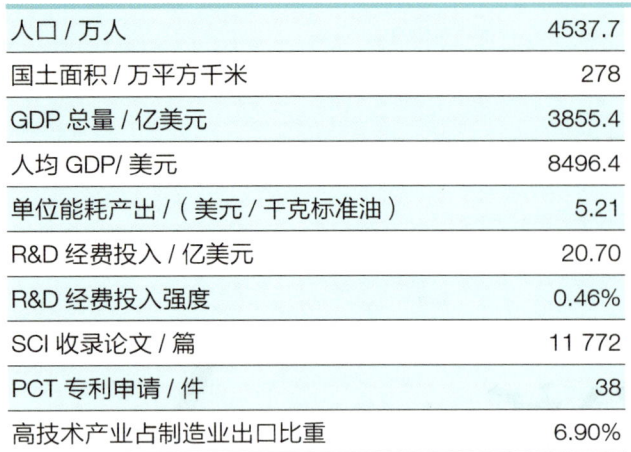

| | |
|---|---|
| 人口 / 万人 | 4537.7 |
| 国土面积 / 万平方千米 | 278 |
| GDP 总量 / 亿美元 | 3855.4 |
| 人均 GDP / 美元 | 8496.4 |
| 单位能耗产出 /（美元 / 千克标准油） | 5.21 |
| R&D 经费投入 / 亿美元 | 20.70 |
| R&D 经费投入强度 | 0.46% |
| SCI 收录论文 / 篇 | 11 772 |
| PCT 专利申请 / 件 | 38 |
| 高技术产业占制造业出口比重 | 6.90% |

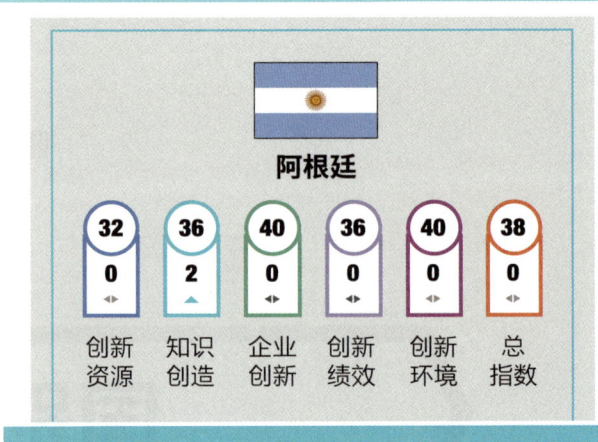

## 创新资源 —— 32

| | 得分 | 排名 |
|---|---|---|
| 1.1 研究与试验发展经费投入强度 | 8.5 | 39 |
| 1.2 研究与试验发展经费占世界比重 | 0.3 | 34 |
| 1.3 基础研究经费占全社会研发经费支出的比重 | 49.6 | 15 |
| 1.4 研究与试验发展人力投入强度 | 17.6 | 35 |
| 1.5 科技人力资源培养水平 | 64.3 | 5 |
| 1.6 世界大学排名 TOP 500 上榜高校平均得分 | 59.7 | 23 |

## 知识创造 —— 36

| | 得分 | 排名 |
|---|---|---|
| 2.1 学术部门百万研究与试验发展经费科学论文被引次数 | 36.9 | 28 |
| 2.2 高被引论文数量占本国论文比重 | 34.4 | 35 |
| 2.3 亿美元工业增加值工业设计注册申请量 | 14.5 | 9 |
| 2.4 亿美元经济产出发明专利授权量 | 1.0 | 31 |
| 2.5 有效专利数量占世界比重 | 0.1 | 31 |

## 企业创新 —— 40

| | 得分 | 排名 |
|---|---|---|
| 3.1 企业研究与试验发展经费与增加值之比 | 2.5 | 39 |
| 3.2 企业研究人员占全社会研究人员比重 | 11.5 | 40 |
| 3.3 三方专利数占世界比重 | 0.1 | 37 |
| 3.4 万名企业研究人员 PCT 专利申请数 | 2.1 | 37 |
| 3.5 知识产权使用费收入占服务业出口贸易比重 | 8.6 | 26 |

## 创新绩效 —— 36

| | 得分 | 排名 |
|---|---|---|
| 4.1 劳动生产率 | 15.6 | 35 |
| 4.2 单位能源消耗的经济产出 | 5.2 | 33 |
| 4.3 单位 $CO_2$ 排放的经济产出 | 13.8 | 33 |
| 4.4 知识密集型服务业增加值占服务业增加值比重 | 24.4 | 22 |
| 4.5 高技术和中高技术产业增加值占制造业增加值比重 | 26.8 | 37 |
| 4.6 高技术产品出口额占世界比重 | 0.1 | 39 |

## 创新环境 —— 40

| | 得分 | 排名 |
|---|---|---|
| 5.1 法治环境 | 33.9 | 38 |
| 5.2 营商的政策环境 | 13.6 | 40 |
| 5.3 市场管制质量 | 30.8 | 40 |
| 5.4 信息化发展水平 | 66.0 | 37 |
| 5.5 风险资本可获得性 | 21.3 | 40 |
| 5.6 外商直接投资净流入与 GDP 之比 | 25.5 | 21 |
| 5.7 企业与大学研究与发展协作程度 | 47.7 | 37 |
| 5.8 创业文化 | 78.3 | 6 |

# 澳大利亚

| | |
|---|---|
| 人口 / 万人 | 2565.5 |
| 国土面积 / 万平方千米 | 762 |
| GDP 总量 / 亿美元 | 13 269.0 |
| 人均 GDP/ 美元 | 51720.4 |
| 单位能耗产出 /（美元 / 千克标准油） | 10.45 |
| R&D 经费投入 / 亿美元 | 247.49 |
| R&D 经费投入强度 | 1.80% |
| SCI 收录论文 / 篇 | 88 539 |
| PCT 专利申请 / 件 | 1722 |
| 高技术产业占制造业出口比重 | 21.49% |

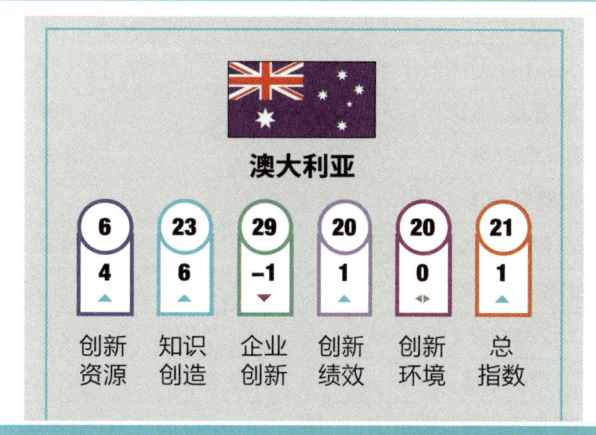

## 创新资源  6

| | | 得分 | 排名 |
|---|---|---|---|
| 1.1 | 研究与试验发展经费投入强度 | 33.1 | 20 |
| 1.2 | 研究与试验发展经费占世界比重 | 3.4 | 10 |
| 1.3 | 基础研究经费占全社会研发经费支出的比重 | 59.5 | 9 |
| 1.4 | 研究与试验发展人力投入强度 | 54.1 | 26 |
| 1.5 | 科技人力资源培养水平 | 78.1 | 2 |
| 1.6 | 世界大学排名 TOP 500 上榜高校平均得分 | 80.5 | 6 |

## 知识创造  23

| | | 得分 | 排名 |
|---|---|---|---|
| 2.1 | 学术部门百万研究与试验发展经费科学论文被引次数 | 48.7 | 19 |
| 2.2 | 高被引论文数量占本国论文比重 | 70.3 | 7 |
| 2.3 | 亿美元工业增加值工业设计注册申请数 | 7.3 | 26 |
| 2.4 | 亿美元经济产出发明专利授权数 | 1.1 | 30 |
| 2.5 | 有效专利数量占世界比重 | 0.6 | 17 |

## 企业创新  29

| | | 得分 | 排名 |
|---|---|---|---|
| 3.1 | 企业研究与试验发展经费与增加值之比 | 16.1 | 26 |
| 3.2 | 企业研究人员占全社会研究人员比重 | 35.7 | 33 |
| 3.3 | 三方专利数占世界比重 | 2.1 | 16 |
| 3.4 | 万名企业研究人员 PCT 专利申请数 | 16.9 | 15 |
| 3.5 | 知识产权使用费收入占服务业出口贸易比重 | 6.6 | 28 |

## 创新绩效  20

| | | 得分 | 排名 |
|---|---|---|---|
| 4.1 | 劳动生产率 | 70.7 | 11 |
| 4.2 | 单位能源消耗的经济产出 | 10.5 | 16 |
| 4.3 | 单位 $CO_2$ 排放的经济产出 | 18.7 | 25 |
| 4.4 | 知识密集型服务业增加值占服务业增加值比重 | 34.8 | 11 |
| 4.5 | 高技术和中高技术产业增加值占制造业增加值比重 | 33.8 | 32 |
| 4.6 | 高技术产品出口额占世界比重 | 0.7 | 29 |

## 创新环境  20

| | | 得分 | 排名 |
|---|---|---|---|
| 5.1 | 法治环境 | 88.9 | 13 |
| 5.2 | 营商的政策环境 | 73.3 | 12 |
| 5.3 | 市场管制质量 | 90.3 | 5 |
| 5.4 | 信息化发展水平 | 90.7 | 14 |
| 5.5 | 风险资本可获得性 | 67.2 | 22 |
| 5.6 | 外商直接投资净流入与 GDP 之比 | 25.4 | 23 |
| 5.7 | 企业与大学研究与发展协作程度 | 67.5 | 25 |
| 5.8 | 创业文化 | 47.3 | 27 |

# 奥地利

2022—2023 总指数排名: **18**

| | |
|---|---|
| 人口/万人 | 891.7 |
| 国土面积/万平方千米 | 8.40 |
| GDP总量/亿美元 | 4352.3 |
| 人均GDP/美元 | 48 809.2 |
| 单位能耗产出/（美元/千克标准油） | 11.63 |
| R&D经费投入/亿美元 | 138.70 |
| R&D经费投入强度 | 3.20% |
| SCI收录论文/篇 | 21 829 |
| PCT专利申请/件 | 1522 |
| 高技术产业占制造业出口比重 | 12.26% |

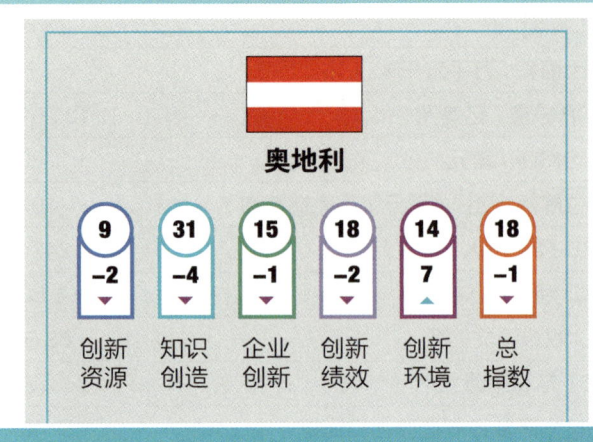

| 创新资源 | 知识创造 | 企业创新 | 创新绩效 | 创新环境 | 总指数 |
|---|---|---|---|---|---|
| 9 (-2) | 31 (-4) | 15 (-1) | 18 (-2) | 14 (7) | 18 (-1) |

## 创新资源 — 9

| | 得分 | 排名 |
|---|---|---|
| 1.1 研究与试验发展经费投入强度 | 58.9 | 6 |
| 1.2 研究与试验发展经费占世界比重 | 1.9 | 19 |
| 1.3 基础研究经费占全社会研发经费支出的比重 | 40.6 | 25 |
| 1.4 研究与试验发展人力投入强度 | 86.5 | 7 |
| 1.5 科技人力资源培养水平 | 58.2 | 10 |
| 1.6 世界大学排名TOP 500上榜高校平均得分 | 60.2 | 22 |

## 知识创造 — 31

| | 得分 | 排名 |
|---|---|---|
| 2.1 学术部门百万研究与试验发展经费科学论文被引次数 | 36.0 | 30 |
| 2.2 高被引论文数量占本国论文比重 | 62.0 | 17 |
| 2.3 亿美元工业增加值工业设计注册申请量 | 8.0 | 23 |
| 2.4 亿美元经济产出发明专利授权量 | 3.4 | 13 |
| 2.5 有效专利数量占世界比重 | 1.0 | 13 |

## 企业创新 — 15

| | 得分 | 排名 |
|---|---|---|
| 3.1 企业研究与试验发展经费与增加值之比 | 42.4 | 7 |
| 3.2 企业研究人员占全社会研究人员比重 | 64.7 | 8 |
| 3.3 三方专利数占世界比重 | 2.5 | 14 |
| 3.4 万名企业研究人员PCT专利申请数 | 15.9 | 17 |
| 3.5 知识产权使用费收入占服务业出口贸易比重 | 8.7 | 25 |

## 创新绩效 — 18

| | 得分 | 排名 |
|---|---|---|
| 4.1 劳动生产率 | 66.7 | 13 |
| 4.2 单位能源消耗的经济产出 | 11.6 | 17 |
| 4.3 单位$CO_2$排放的经济产出 | 35.6 | 11 |
| 4.4 知识密集型服务业增加值占服务业增加值比重 | 21.8 | 26 |
| 4.5 高技术和中高技术产业增加值占制造业增加值比重 | 65.6 | 20 |
| 4.6 高技术产品出口额占世界比重 | 2.1 | 21 |

## 创新环境 — 14

| | 得分 | 排名 |
|---|---|---|
| 5.1 法治环境 | 93.0 | 7 |
| 5.2 营商的政策环境 | 91.1 | 3 |
| 5.3 市场管制质量 | 79.9 | 16 |
| 5.4 信息化发展水平 | 88.8 | 18 |
| 5.5 风险资本可获得性 | 61.7 | 26 |
| 5.6 外商直接投资净流入与GDP之比 | 22.7 | 36 |
| 5.7 企业与大学研究与发展协作程度 | 78.4 | 15 |
| 5.8 创业文化 | 59.8 | 20 |

# 比利时

2022—2023 总指数排名
**17**

| | |
|---|---:|
| 人口 / 万人 | 1153.9 |
| 国土面积 / 万平方千米 | 3.10 |
| GDP 总量 / 亿美元 | 5252.1 |
| 人均 GDP/ 美元 | 45 517.8 |
| 单位能耗产出 /（美元 / 千克标准油） | 10.39 |
| R&D 经费投入 / 亿美元 | 181.46 |
| R&D 经费投入强度 | 3.48% |
| SCI 收录论文 / 篇 | 28 869 |
| PCT 专利申请 / 件 | 1314 |
| 高技术产业占制造业出口比重 | 15.31% |

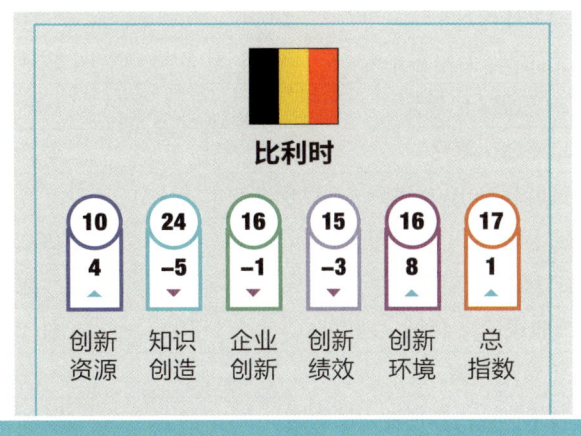

比利时

| | 创新资源 | 知识创造 | 企业创新 | 创新绩效 | 创新环境 | 总指数 |
|---|---|---|---|---|---|---|
| 排名 | 10 | 24 | 16 | 15 | 16 | 17 |
| 变化 | 4 ▲ | -5 ▼ | -1 ▼ | -3 ▼ | 8 ▲ | 1 ▲ |

## 创新资源 — 10

| | | 得分 | 排名 |
|---|---|---:|---:|
| 1.1 | 研究与试验发展经费投入强度 | 64.0 | 3 |
| 1.2 | 研究与试验发展经费占世界比重 | 2.5 | 15 |
| 1.3 | 基础研究经费占全社会研发经费支出的比重 | 27.6 | 31 |
| 1.4 | 研究与试验发展人力投入强度 | 78.9 | 12 |
| 1.5 | 科技人力资源培养水平 | 54.0 | 15 |
| 1.6 | 世界大学排名 TOP 500 上榜高校平均得分 | 70.8 | 14 |

## 知识创造 — 24

| | | 得分 | 排名 |
|---|---|---:|---:|
| 2.1 | 学术部门百万研究与试验发展经费科学论文被引次数 | 42.7 | 26 |
| 2.2 | 高被引论文数量占本国论文比重 | 72.0 | 4 |
| 2.3 | 亿美元工业增加值工业设计注册申请数 | 6.5 | 29 |
| 2.4 | 亿美元经济产出发明专利授权数 | 2.3 | 21 |
| 2.5 | 有效专利数量占世界比重 | 0.01 | 36 |

## 企业创新 — 16

| | | 得分 | 排名 |
|---|---|---:|---:|
| 3.1 | 企业研究与试验发展经费与增加值之比 | 49.2 | 4 |
| 3.2 | 企业研究人员占全社会研究人员比重 | 58.0 | 17 |
| 3.3 | 三方专利数占世界比重 | 2.3 | 15 |
| 3.4 | 万名企业研究人员 PCT 专利申请数 | 12.4 | 22 |
| 3.5 | 知识产权使用费收入占服务业出口贸易比重 | 12.3 | 21 |

## 创新绩效 — 15

| | | 得分 | 排名 |
|---|---|---:|---:|
| 4.1 | 劳动生产率 | 73.5 | 9 |
| 4.2 | 单位能源消耗的经济产出 | 10.4 | 21 |
| 4.3 | 单位 $CO_2$ 排放的经济产出 | 29.9 | 19 |
| 4.4 | 知识密集型服务业增加值占服务业增加值比重 | 22.0 | 25 |
| 4.5 | 高技术和中高技术产业增加值占制造业增加值比重 | 76.8 | 12 |
| 4.6 | 高技术产品出口额占世界比重 | 4.5 | 13 |

## 创新环境 — 16

| | | 得分 | 排名 |
|---|---|---:|---:|
| 5.1 | 法治环境 | 81.6 | 18 |
| 5.2 | 营商的政策环境 | 64.5 | 21 |
| 5.3 | 市场管制质量 | 78.7 | 18 |
| 5.4 | 信息化发展水平 | 87.2 | 21 |
| 5.5 | 风险资本可获得性 | 81.6 | 11 |
| 5.6 | 外商直接投资净流入与 GDP 之比 | 21.3 | 38 |
| 5.7 | 企业与大学研究与发展协作程度 | 86.3 | 8 |
| 5.8 | 创业文化 | 60.1 | 19 |

# 巴西

2022—2023 总指数排名 **40**

| | |
|---|---|
| 人口 / 万人 | 21 319.6 |
| 国土面积 / 万平方千米 | 854.70 |
| GDP 总量 / 亿美元 | 14 485.6 |
| 人均 GDP/ 美元 | 6794.5 |
| 单位能耗产出 /（美元 / 千克标准油） | 5.04 |
| R&D 经费投入 / 亿美元 | 260.67 |
| R&D 经费投入强度 | 1.26% |
| SCI 收录论文 / 篇 | 65 307 |
| PCT 专利申请 / 件 | 690 |
| 高技术产业占制造业出口比重 | 11.35% |

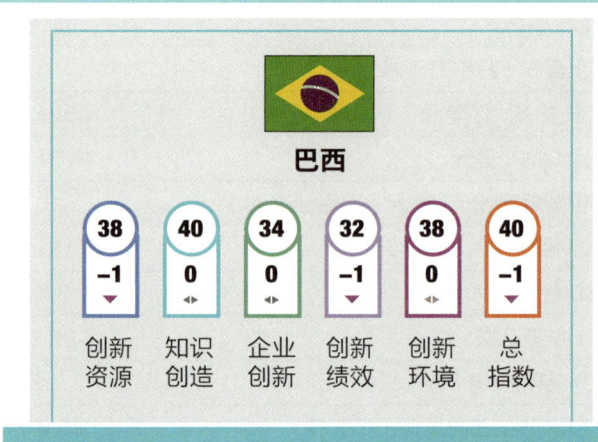

巴西

| 创新资源 | 知识创造 | 企业创新 | 创新绩效 | 创新环境 | 总指数 |
|---|---|---|---|---|---|
| 38 / −1 | 40 / 0 | 34 / 0 | 32 / −1 | 38 / 0 | 40 / −1 |

## 创新资源 — 38

| | 得分 | 排名 |
|---|---|---|
| 1.1 研究与试验发展经费投入强度 | 23.2 | 30 |
| 1.2 研究与试验发展经费占世界比重 | 3.6 | 9 |
| 1.3 基础研究经费占全社会研发经费支出的比重 | — | — |
| 1.4 研究与试验发展人力投入强度 | 16.6 | 36 |
| 1.5 科技人力资源培养水平 | 37.1 | 32 |
| 1.6 世界大学排名 TOP 500 上榜高校平均得分 | 59.1 | 24 |

## 知识创造 — 40

| | 得分 | 排名 |
|---|---|---|
| 2.1 学术部门百万研究与试验发展经费科学论文被引次数 | 13.7 | 39 |
| 2.2 高被引论文数量占本国论文比重 | 24.9 | 40 |
| 2.3 亿美元工业增加值工业设计注册申请量 | 16.2 | 6 |
| 2.4 亿美元经济产出发明专利授权量 | 2.0 | 24 |
| 2.5 有效专利数量占世界比重 | 0.3 | 23 |

## 企业创新 — 34

| | 得分 | 排名 |
|---|---|---|
| 3.1 企业研究与试验发展经费与增加值之比 | 7.1 | 35 |
| 3.2 企业研究人员占全社会研究人员比重 | 26.8 | 36 |
| 3.3 三方专利数占世界比重 | 0.2 | 31 |
| 3.4 万名企业研究人员 PCT 专利申请数 | 4.9 | 29 |
| 3.5 知识产权使用费收入占服务业出口贸易比重 | 8.4 | 27 |

## 创新绩效 — 32

| | 得分 | 排名 |
|---|---|---|
| 4.1 劳动生产率 | 9.1 | 39 |
| 4.2 单位能源消耗的经济产出 | 5.0 | 37 |
| 4.3 单位 $CO_2$ 排放的经济产出 | 22.4 | 23 |
| 4.4 知识密集型服务业增加值占服务业增加值比重 | 12.3 | 33 |
| 4.5 高技术和中高技术产业增加值占制造业增加值比重 | 68.6 | 17 |
| 4.6 高技术产品出口额占世界比重 | 0.8 | 28 |

## 创新环境 — 38

| | 得分 | 排名 |
|---|---|---|
| 5.1 法治环境 | 41.5 | 36 |
| 5.2 营商的政策环境 | 38.6 | 35 |
| 5.3 市场管制质量 | 40.9 | 38 |
| 5.4 信息化发展水平 | 71.0 | 33 |
| 5.5 风险资本可获得性 | 54.4 | 30 |
| 5.6 外商直接投资净流入与 GDP 之比 | 26.4 | 13 |
| 5.7 企业与大学研究与发展协作程度 | 50.7 | 34 |
| 5.8 创业文化 | 13.2 | 39 |

注：— 表示数据缺失。

# 加拿大

| | |
|---|---|
| 人口 / 万人 | 3803.7 |
| 国土面积 / 万平方千米 | 998.50 |
| GDP 总量 / 亿美元 | 16 454.2 |
| 人均 GDP/ 美元 | 43 258.3 |
| 单位能耗产出 /（美元 / 千克标准油） | 5.84 |
| R&D 经费投入 / 亿美元 | 279.13 |
| R&D 经费投入强度 | 1.70% |
| SCI 收录论文 / 篇 | 89 633 |
| PCT 专利申请 / 件 | 2606 |
| 高技术产业占制造业出口比重 | 15.33% |

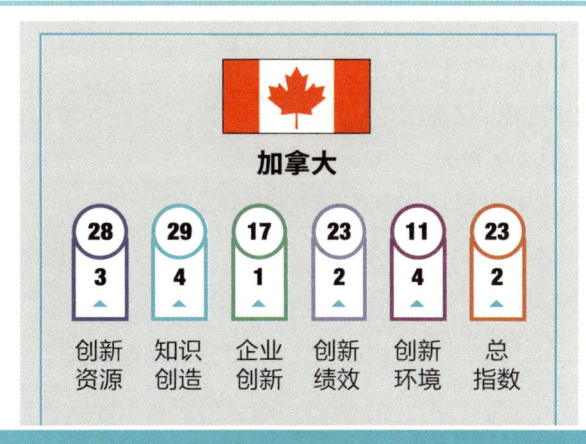

|  | 得分 | 排名 |
|---|---|---|
| **创新资源** | | **28** |
| 1.1 研究与试验发展经费投入强度 | 31.2 | 22 |
| 1.2 研究与试验发展经费占世界比重 | 3.9 | 8 |
| 1.3 基础研究经费占全社会研发经费支出的比重 | — | — |
| 1.4 研究与试验发展人力投入强度 | 63.3 | 21 |
| 1.5 科技人力资源培养水平 | 51.0 | 19 |
| 1.6 世界大学排名 TOP 500 上榜高校平均得分 | 75.8 | 11 |
| **知识创造** | | **29** |
| 2.1 学术部门百万研究与试验发展经费科学论文被引次数 | 47.1 | 22 |
| 2.2 高被引论文数量占本国论文比重 | 60.8 | 18 |
| 2.3 亿美元工业增加值工业设计注册申请数 | 1.1 | 40 |
| 2.4 亿美元经济产出发明专利授权数 | 2.0 | 23 |
| 2.5 有效专利数量占世界比重 | 1.4 | 11 |
| **企业创新** | | **17** |
| 3.1 企业研究与试验发展经费与增加值之比 | 18.2 | 24 |
| 3.2 企业研究人员占全社会研究人员比重 | 61.8 | 11 |
| 3.3 三方专利数占世界比重 | 3.8 | 12 |
| 3.4 万名企业研究人员 PCT 专利申请数 | 8.1 | 27 |
| 3.5 知识产权使用费收入占服务业出口贸易比重 | 26.4 | 10 |

|  | 得分 | 排名 |
|---|---|---|
| **创新绩效** | | **23** |
| 4.1 劳动生产率 | 64.2 | 16 |
| 4.2 单位能源消耗的经济产出 | 5.8 | 30 |
| 4.3 单位 $CO_2$ 排放的经济产出 | 15.6 | 30 |
| 4.4 知识密集型服务业增加值占服务业增加值比重 | 22.1 | 24 |
| 4.5 高技术和中高技术产业增加值占制造业增加值比重 | 57.0 | 22 |
| 4.6 高技术产品出口额占世界比重 | 3.4 | 16 |
| **创新环境** | | **11** |
| 5.1 法治环境 | 89.0 | 12 |
| 5.2 营商的政策环境 | 72.6 | 13 |
| 5.3 市场管制质量 | 84.8 | 10 |
| 5.4 信息化发展水平 | 92.4 | 11 |
| 5.5 风险资本可获得性 | 80.3 | 12 |
| 5.6 外商直接投资净流入与 GDP 之比 | 25.9 | 16 |
| 5.7 企业与大学研究与发展协作程度 | 85.3 | 9 |
| 5.8 创业文化 | 66.1 | 16 |

# 中国

2022—2023 总指数排名

**10**

| | |
|---|---|
| 人口 / 万人 | 141 110.0 |
| 国土面积 / 万平方千米 | 960 |
| GDP 总量 / 亿美元 | 146 876.7 |
| 人均 GDP / 美元 | 10 408.7 |
| 单位能耗产出 /（美元 / 千克标准油） | 4.23 |
| R&D 经费投入 / 亿美元 | 3534.84 |
| R&D 经费投入强度 | 2.41% |
| SCI 收录论文 / 篇 | 552 130 |
| PCT 专利申请 / 件 | 68 935 |
| 高技术产业占制造业出口比重 | 31.28% |

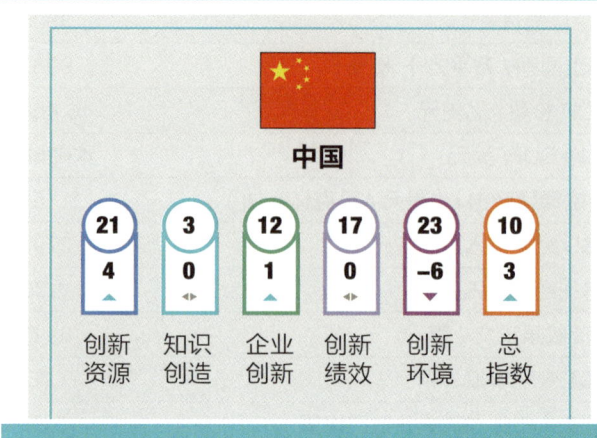

中国

| | 创新资源 | 知识创造 | 企业创新 | 创新绩效 | 创新环境 | 总指数 |
|---|---|---|---|---|---|---|
| 排名 | 21 | 3 | 12 | 17 | 23 | 10 |
| 变化 | 4 | 0 | 1 | 0 | −6 | 3 |

## 创新资源 — 21

| | 得分 | 排名 |
|---|---|---|
| 1.1 研究与试验发展经费投入强度 | 44.3 | 12 |
| 1.2 研究与试验发展经费占世界比重 | 49.0 | 2 |
| 1.3 基础研究经费占全社会研发经费支出的比重 | 14.2 | 33 |
| 1.4 研究与试验发展人力投入强度 | 34.9 | 33 |
| 1.5 科技人力资源培养水平 | 34.7 | 34 |
| 1.6 世界大学排名 TOP 500 上榜高校平均得分 | 70.1 | 15 |

## 知识创造 — 3

| | 得分 | 排名 |
|---|---|---|
| 2.1 学术部门百万研究与试验发展经费科学论文被引次数 | 32.0 | 33 |
| 2.2 高被引论文数量占本国论文比重 | 52.4 | 27 |
| 2.3 亿美元工业增加值工业设计注册申请量 | 100.0 | 1 |
| 2.4 亿美元经济产出发明专利授权量 | 19.1 | 3 |
| 2.5 有效专利数量占世界比重 | 100.0 | 1 |

## 企业创新 — 12

| | 得分 | 排名 |
|---|---|---|
| 3.1 企业研究与试验发展经费与增加值之比 | 27.2 | 16 |
| 3.2 企业研究人员占全社会研究人员比重 | 59.8 | 15 |
| 3.3 三方专利数占世界比重 | 28.7 | 3 |
| 3.4 万名企业研究人员 PCT 专利申请数 | 16.5 | 16 |
| 3.5 知识产权使用费收入占服务业出口贸易比重 | 13.7 | 19 |

## 创新绩效 — 17

| | 得分 | 排名 |
|---|---|---|
| 4.1 劳动生产率 | 13.4 | 38 |
| 4.2 单位能源消耗的经济产出 | 4.2 | 35 |
| 4.3 单位 $CO_2$ 排放的经济产出 | 6.9 | 37 |
| 4.4 知识密集型服务业增加值占服务业增加值比重 | 20.7 | 27 |
| 4.5 高技术和中高技术产业增加值占制造业增加值比重 | 77.0 | 11 |
| 4.6 高技术产品出口额占世界比重 | 100.0 | 1 |

## 创新环境 — 23

| | 得分 | 排名 |
|---|---|---|
| 5.1 法治环境 | 44.5 | 34 |
| 5.2 营商的政策环境 | 78.5 | 9 |
| 5.3 市场管制质量 | 42.9 | 36 |
| 5.4 信息化发展水平 | 85.7 | 22 |
| 5.5 风险资本可获得性 | 71.5 | 18 |
| 5.6 外商直接投资净流入与 GDP 之比 | 25.8 | 19 |
| 5.7 企业与大学研究与发展协作程度 | 88.0 | 5 |
| 5.8 创业文化 | 79.4 | 5 |

# 捷克

| | |
|---|---|
| 人口 / 万人 | 1069.8 |
| 国土面积 / 万平方千米 | 7.9 |
| GDP 总量 / 亿美元 | 2459.8 |
| 人均 GDP/ 美元 | 22 992.9 |
| 单位能耗产出 /（美元 / 千克标准油） | 6.12 |
| R&D 经费投入 / 亿美元 | 48.85 |
| R&D 经费投入强度 | 1.99% |
| SCI 收录论文 / 篇 | 17 514 |
| PCT 专利申请 / 件 | 210 |
| 高技术产业占制造业出口比重 | 22.58% |

**2022—2023 总指数排名 25**

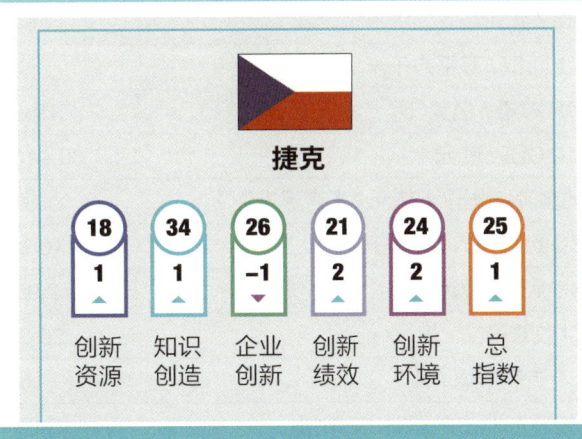

| | | 得分 | 排名 |
|---|---|---|---|
| **创新资源** | | | **18** |
| 1.1 | 研究与试验发展经费投入强度 | 36.6 | 18 |
| 1.2 | 研究与试验发展经费占世界比重 | 0.7 | 27 |
| 1.3 | 基础研究经费占全社会研发经费支出的比重 | 64.8 | 7 |
| 1.4 | 研究与试验发展人力投入强度 | 71.1 | 16 |
| 1.5 | 科技人力资源培养水平 | 44.2 | 28 |
| 1.6 | 世界大学排名 TOP 500 上榜高校平均得分 | 52.1 | 30 |
| **知识创造** | | | **34** |
| 2.1 | 学术部门百万研究与试验发展经费科学论文被引次数 | 47.9 | 21 |
| 2.2 | 高被引论文数量占本国论文比重 | 42.5 | 31 |
| 2.3 | 亿美元工业增加值工业设计注册申请数 | 7.2 | 27 |
| 2.4 | 亿美元经济产出发明专利授权数 | 3.0 | 16 |
| 2.5 | 有效专利数量占世界比重 | 0.2 | 26 |
| **企业创新** | | | **26** |
| 3.1 | 企业研究与试验发展经费与增加值之比 | 21.8 | 20 |
| 3.2 | 企业研究人员占全社会研究人员比重 | 52.1 | 21 |
| 3.3 | 三方专利数占世界比重 | 0.3 | 29 |
| 3.4 | 万名企业研究人员 PCT 专利申请数 | 3.2 | 33 |
| 3.5 | 知识产权使用费收入占服务业出口贸易比重 | 10.0 | 23 |

| | | 得分 | 排名 |
|---|---|---|---|
| **创新绩效** | | | **21** |
| 4.1 | 劳动生产率 | 31.6 | 27 |
| 4.2 | 单位能源消耗的经济产出 | 6.1 | 28 |
| 4.3 | 单位 $CO_2$ 排放的经济产出 | 13.6 | 34 |
| 4.4 | 知识密集型服务业增加值占服务业增加值比重 | 36.1 | 8 |
| 4.5 | 高技术和中高技术产业增加值占制造业增加值比重 | 75.9 | 13 |
| 4.6 | 高技术产品出口额占世界比重 | 5.2 | 12 |
| **创新环境** | | | **24** |
| 5.1 | 法治环境 | 73.6 | 24 |
| 5.2 | 营商的政策环境 | 46.0 | 30 |
| 5.3 | 市场管制质量 | 75.9 | 21 |
| 5.4 | 信息化发展水平 | 83.2 | 24 |
| 5.5 | 风险资本可获得性 | 70.6 | 19 |
| 5.6 | 外商直接投资净流入与 GDP 之比 | 27.0 | 8 |
| 5.7 | 企业与大学研究与发展协作程度 | 74.2 | 19 |
| 5.8 | 创业文化 | 55.0 | 22 |

# 丹麦

| | |
|---|---|
| 人口 / 万人 | 583.1 |
| 国土面积 / 万平方千米 | 4.3 |
| GDP 总量 / 亿美元 | 3552.2 |
| 人均 GDP/ 美元 | 60 915.4 |
| 单位能耗产出 /（美元 / 千克标准油） | 18.82 |
| R&D 经费投入 / 亿美元 | 105.46 |
| R&D 经费投入强度 | 2.96% |
| SCI 收录论文 / 篇 | 25 345 |
| PCT 专利申请 / 件 | 1577 |
| 高技术产业占制造业出口比重 | 13.23% |

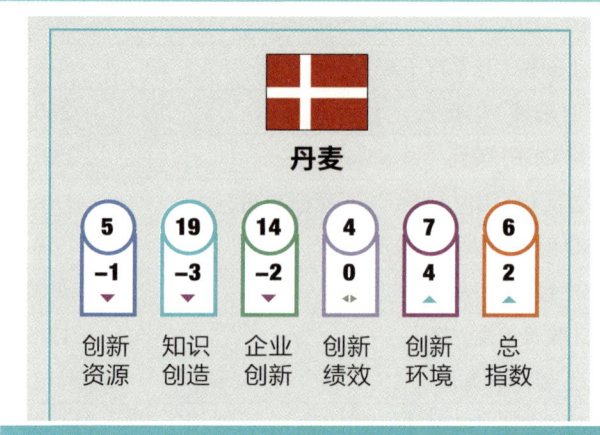

2022—2023 总指数排名 **6**

丹麦
- 创新资源 5 / -1
- 知识创造 19 / -3
- 企业创新 14 / -2
- 创新绩效 4 / 0
- 创新环境 7 / 4
- 总指数 6 / 2

## 创新资源　　得分　排名　**5**

| | 得分 | 排名 |
|---|---|---|
| 1.1 研究与试验发展经费投入强度 | 54.5 | 9 |
| 1.2 研究与试验发展经费占世界比重 | 1.5 | 20 |
| 1.3 基础研究经费占全社会研发经费支出的比重 | 43.2 | 21 |
| 1.4 研究与试验发展人力投入强度 | 100.0 | 1 |
| 1.5 科技人力资源培养水平 | 55.1 | 13 |
| 1.6 世界大学排名 TOP 500 上榜高校平均得分 | 76.1 | 10 |

## 知识创造　　**19**

| | 得分 | 排名 |
|---|---|---|
| 2.1 学术部门百万研究与试验发展经费科学论文被引次数 | 48.6 | 20 |
| 2.2 高被引论文数量占本国论文比重 | 71.4 | 5 |
| 2.3 亿美元工业增加值工业设计注册申请量 | 10.7 | 15 |
| 2.4 亿美元经济产出发明专利授权量 | 1.0 | 32 |
| 2.5 有效专利数量占世界比重 | 0.4 | 21 |

## 企业创新　　**14**

| | 得分 | 排名 |
|---|---|---|
| 3.1 企业研究与试验发展经费与增加值之比 | 37.7 | 11 |
| 3.2 企业研究人员占全社会研究人员比重 | 59.4 | 16 |
| 3.3 三方专利数占世界比重 | 1.8 | 18 |
| 3.4 万名企业研究人员 PCT 专利申请数 | 20.9 | 8 |
| 3.5 知识产权使用费收入占服务业出口贸易比重 | 20.0 | 15 |

## 创新绩效　　得分　排名　**4**

| | 得分 | 排名 |
|---|---|---|
| 4.1 劳动生产率 | 81.8 | 6 |
| 4.2 单位能源消耗的经济产出 | 18.8 | 4 |
| 4.3 单位 $CO_2$ 排放的经济产出 | 60.5 | 4 |
| 4.4 知识密集型服务业增加值占服务业增加值比重 | 30.1 | 15 |
| 4.5 高技术和中高技术产业增加值占制造业增加值比重 | 88.2 | 5 |
| 4.6 高技术产品出口额占世界比重 | 1.4 | 24 |

## 创新环境　　**7**

| | 得分 | 排名 |
|---|---|---|
| 5.1 法治环境 | 94.3 | 5 |
| 5.2 营商的政策环境 | 79.1 | 7 |
| 5.3 市场管制质量 | 89.6 | 6 |
| 5.4 信息化发展水平 | 97.5 | 6 |
| 5.5 风险资本可获得性 | 88.6 | 8 |
| 5.6 外商直接投资净流入与 GDP 之比 | 24.9 | 31 |
| 5.7 企业与大学研究与发展协作程度 | 82.1 | 13 |
| 5.8 创业文化 | 70.1 | 11 |

# 芬兰

2022—2023 总指数排名: **14**

| | |
|---|---|
| 人口 / 万人 | 553.0 |
| 国土面积 / 万平方千米 | 33.8 |
| GDP 总量 / 亿美元 | 2718.9 |
| 人均 GDP / 美元 | 49 170.8 |
| 单位能耗产出 /（美元 / 千克标准油） | 7.16 |
| R&D 经费投入 / 亿美元 | 79.18 |
| R&D 经费投入强度 | 2.91% |
| SCI 收录论文 / 篇 | 17 353 |
| PCT 专利申请 / 件 | 1679 |
| 高技术产业占制造业出口比重 | 9.98% |

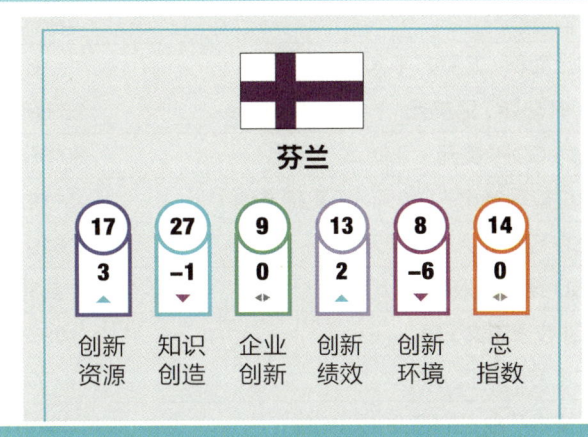

| 创新资源 | 17 | 3 ▲ |
| 知识创造 | 27 | -1 ▼ |
| 企业创新 | 9 | 0 ◄► |
| 创新绩效 | 13 | 2 ▲ |
| 创新环境 | 8 | -6 ▼ |
| 总指数 | 14 | 0 ◄► |

## 创新资源 — 17

| | 得分 | 排名 |
|---|---|---|
| 1.1 研究与试验发展经费投入强度 | 53.6 | 10 |
| 1.2 研究与试验发展经费占世界比重 | 1.1 | 23 |
| 1.3 基础研究经费占全社会研发经费支出的比重 | — | — |
| 1.4 研究与试验发展人力投入强度 | 91.0 | 4 |
| 1.5 科技人力资源培养水平 | 62.6 | 6 |
| 1.6 世界大学排名 TOP 500 上榜高校平均得分 | 61.8 | 20 |

## 知识创造 — 27

| | 得分 | 排名 |
|---|---|---|
| 2.1 学术部门百万研究与试验发展经费科学论文被引次数 | 46.5 | 23 |
| 2.2 高被引论文数量占本国论文比重 | 63.2 | 14 |
| 2.3 亿美元工业增加值工业设计注册申请数 | 7.7 | 24 |
| 2.4 亿美元经济产出发明专利授权数 | 3.2 | 15 |
| 2.5 有效专利数量占世界比重 | 0.5 | 20 |

## 企业创新 — 9

| | 得分 | 排名 |
|---|---|---|
| 3.1 企业研究与试验发展经费与增加值之比 | 41.1 | 8 |
| 3.2 企业研究人员占全社会研究人员比重 | 60.4 | 13 |
| 3.3 三方专利数占世界比重 | 1.7 | 19 |
| 3.4 万名企业研究人员 PCT 专利申请数 | 23.4 | 6 |
| 3.5 知识产权使用费收入占服务业出口贸易比重 | 37.9 | 8 |

## 创新绩效 — 13

| | 得分 | 排名 |
|---|---|---|
| 4.1 劳动生产率 | 71.0 | 10 |
| 4.2 单位能源消耗的经济产出 | 7.2 | 25 |
| 4.3 单位 $CO_2$ 排放的经济产出 | 34.2 | 12 |
| 4.4 知识密集型服务业增加值占服务业增加值比重 | 40.8 | 6 |
| 4.5 高技术和中高技术产业增加值占制造业增加值比重 | 69.6 | 15 |
| 4.6 高技术产品出口额占世界比重 | 0.6 | 30 |

## 创新环境 — 8

| | 得分 | 排名 |
|---|---|---|
| 5.1 法治环境 | 100.0 | 1 |
| 5.2 营商的政策环境 | 78.1 | 10 |
| 5.3 市场管制质量 | 91.2 | 3 |
| 5.4 信息化发展水平 | 97.0 | 7 |
| 5.5 风险资本可获得性 | 89.3 | 6 |
| 5.6 外商直接投资净流入与 GDP 之比 | 24.0 | 32 |
| 5.7 企业与大学研究与发展协作程度 | 84.2 | 11 |
| 5.8 创业文化 | 56.2 | 21 |

# 法国

2022—2023 总指数排名
**15**

| | |
|---|---|
| 人口 / 万人 | 6757.1 |
| 国土面积 / 万平方千米 | 67.3 |
| GDP 总量 / 亿美元 | 26 390.1 |
| 人均 GDP/ 美元 | 39 055.3 |
| 单位能耗产出 /（美元 / 千克标准油） | 12.10 |
| R&D 经费投入 / 亿美元 | 619.42 |
| R&D 经费投入强度 | 2.35% |
| SCI 收录论文 / 篇 | 89 224 |
| PCT 专利申请 / 件 | 7788 |
| 高技术产业占制造业出口比重 | 23.14% |

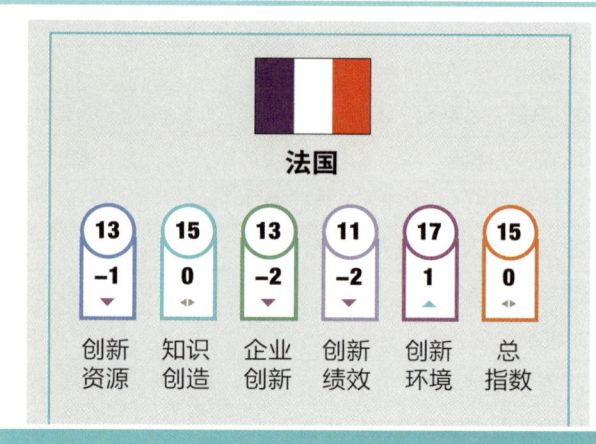

## 创新资源 — 13

| | 得分 | 排名 |
|---|---|---|
| 1.1 研究与试验发展经费投入强度 | 43.3 | 13 |
| 1.2 研究与试验发展经费占世界比重 | 8.6 | 5 |
| 1.3 基础研究经费占全社会研发经费支出的比重 | 50.1 | 14 |
| 1.4 研究与试验发展人力投入强度 | 65.5 | 19 |
| 1.5 科技人力资源培养水平 | 46.0 | 24 |
| 1.6 世界大学排名 TOP 500 上榜高校平均得分 | 77.9 | 9 |

## 知识创造 — 15

| | 得分 | 排名 |
|---|---|---|
| 2.1 学术部门百万研究与试验发展经费科学论文被引次数 | 34.0 | 34 |
| 2.2 高被引论文数量占本国论文比重 | 67.1 | 9 |
| 2.3 亿美元工业增加值工业设计注册申请量 | 20.9 | 5 |
| 2.4 亿美元经济产出发明专利授权量 | 8.2 | 7 |
| 2.5 有效专利数量占世界比重 | 10.2 | 6 |

## 企业创新 — 13

| | 得分 | 排名 |
|---|---|---|
| 3.1 企业研究与试验发展经费与增加值之比 | 32.2 | 13 |
| 3.2 企业研究人员占全社会研究人员比重 | 64.3 | 9 |
| 3.3 三方专利数占世界比重 | 10.8 | 6 |
| 3.4 万名企业研究人员 PCT 专利申请数 | 13.2 | 20 |
| 3.5 知识产权使用费收入占服务业出口贸易比重 | 22.4 | 13 |

## 创新绩效 — 11

| | 得分 | 排名 |
|---|---|---|
| 4.1 劳动生产率 | 63.9 | 17 |
| 4.2 单位能源消耗的经济产出 | 12.1 | 9 |
| 4.3 单位 $CO_2$ 排放的经济产出 | 47.1 | 7 |
| 4.4 知识密集型服务业增加值占服务业增加值比重 | 38.7 | 7 |
| 4.5 高技术和中高技术产业增加值占制造业增加值比重 | 55.0 | 24 |
| 4.6 高技术产品出口额占世界比重 | 11.5 | 8 |

## 创新环境 — 17

| | 得分 | 排名 |
|---|---|---|
| 5.1 法治环境 | 80.5 | 20 |
| 5.2 营商的政策环境 | 67.7 | 19 |
| 5.3 市场管制质量 | 74.8 | 22 |
| 5.4 信息化发展水平 | 89.9 | 16 |
| 5.5 风险资本可获得性 | 73.0 | 15 |
| 5.6 外商直接投资净流入与 GDP 之比 | 25.0 | 29 |
| 5.7 企业与大学研究与发展协作程度 | 62.6 | 28 |
| 5.8 创业文化 | 81.7 | 4 |

# 德国

2022—2023 总指数排名 **9**

| | |
|---|---|
| 人口 / 万人 | 8316.1 |
| 国土面积 / 万平方千米 | 35.7 |
| GDP 总量 / 亿美元 | 38 896.7 |
| 人均 GDP / 美元 | 46 772.8 |
| 单位能耗产出 /（美元 / 千克标准油） | 13.96 |
| R&D 经费投入 / 亿美元 | 1209.41 |
| R&D 经费投入强度 | 3.14% |
| SCI 收录论文 / 篇 | 136 638 |
| PCT 专利申请 / 件 | 18 491 |
| 高技术产业占制造业出口比重 | 15.50% |

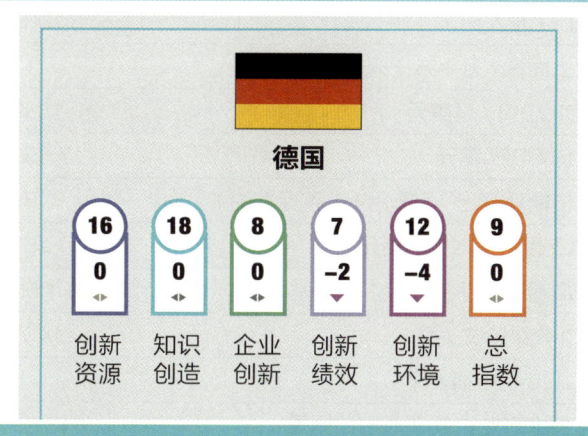

## 创新资源 — 16

| | 得分 | 排名 |
|---|---|---|
| 1.1 研究与试验发展经费投入强度 | 57.8 | 8 |
| 1.2 研究与试验发展经费占世界比重 | 16.8 | 4 |
| 1.3 基础研究经费占全社会研发经费支出的比重 | — | — |
| 1.4 研究与试验发展人力投入强度 | 82.9 | 9 |
| 1.5 科技人力资源培养水平 | 49.5 | 21 |
| 1.6 世界大学排名 TOP 500 上榜高校平均得分 | 66.1 | 16 |

## 知识创造 — 18

| | 得分 | 排名 |
|---|---|---|
| 2.1 学术部门百万研究与试验发展经费科学论文被引次数 | 27.1 | 37 |
| 2.2 高被引论文数量占本国论文比重 | 62.2 | 15 |
| 2.3 亿美元工业增加值工业设计注册申请数 | 11.7 | 12 |
| 2.4 亿美元经济产出发明专利授权数 | 5.1 | 10 |
| 2.5 有效专利数量占世界比重 | — | — |

## 企业创新 — 8

| | 得分 | 排名 |
|---|---|---|
| 3.1 企业研究与试验发展经费与增加值之比 | 40.8 | 9 |
| 3.2 企业研究人员占全社会研究人员比重 | 61.7 | 12 |
| 3.3 三方专利数占世界比重 | 25.1 | 4 |
| 3.4 万名企业研究人员 PCT 专利申请数 | 23.3 | 7 |
| 3.5 知识产权使用费收入占服务业出口贸易比重 | 43.4 | 7 |

## 创新绩效 — 7

| | 得分 | 排名 |
|---|---|---|
| 4.1 劳动生产率 | 59.3 | 18 |
| 4.2 单位能源消耗的经济产出 | 14.0 | 10 |
| 4.3 单位 $CO_2$ 排放的经济产出 | 30.6 | 17 |
| 4.4 知识密集型服务业增加值占服务业增加值比重 | 33.7 | 13 |
| 4.5 高技术和中高技术产业增加值占制造业增加值比重 | 90.2 | 3 |
| 4.6 高技术产品出口额占世界比重 | 24.1 | 2 |

## 创新环境 — 12

| | 得分 | 排名 |
|---|---|---|
| 5.1 法治环境 | 86.5 | 14 |
| 5.2 营商的政策环境 | 78.9 | 8 |
| 5.3 市场管制质量 | 84.4 | 12 |
| 5.4 信息化发展水平 | 94.8 | 8 |
| 5.5 风险资本可获得性 | 68.8 | 21 |
| 5.6 外商直接投资净流入与 GDP 之比 | 27.2 | 7 |
| 5.7 企业与大学研究与发展协作程度 | 81.4 | 14 |
| 5.8 创业文化 | 68.9 | 12 |

# 希腊

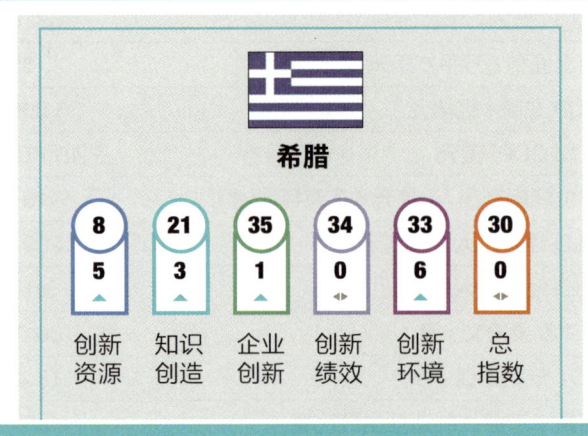

| 人口 / 万人 | 1069.9 |
|---|---|
| 国土面积 / 万平方千米 | 13.2 |
| GDP 总量 / 亿美元 | 1889.3 |
| 人均 GDP/ 美元 | 17 659.0 |
| 单位能耗产出 /（美元 / 千克标准油） | 8.28 |
| R&D 经费投入 / 亿美元 | 28.25 |
| R&D 经费投入强度 | 1.50% |
| SCI 收录论文 / 篇 | 14 737 |
| PCT 专利申请 / 件 | 99 |
| 高技术产业占制造业出口比重 | 13.25% |

|  | 得分 | 排名 |
|---|---|---|
| **创新资源** |  | **8** |
| 1.1 研究与试验发展经费投入强度 | 27.5 | 26 |
| 1.2 研究与试验发展经费占世界比重 | 0.4 | 32 |
| 1.3 基础研究经费占全社会研发经费支出的比重 | 83.3 | 4 |
| 1.4 研究与试验发展人力投入强度 | 51.0 | 28 |
| 1.5 科技人力资源培养水平 | 100.0 | 1 |
| 1.6 世界大学排名 TOP 500 上榜高校平均得分 | 44.3 | 33 |
| **知识创造** |  | **21** |
| 2.1 学术部门百万研究与试验发展经费科学论文被引次数 | 61.5 | 9 |
| 2.2 高被引论文数量占本国论文比重 | 60.2 | 19 |
| 2.3 亿美元工业增加值工业设计注册申请量 | 5.9 | 31 |
| 2.4 亿美元经济产出发明专利授权量 | 1.8 | 26 |
| 2.5 有效专利数量占世界比重 | 0.2 | 27 |
| **企业创新** |  | **35** |
| 3.1 企业研究与试验发展经费与增加值之比 | 15.3 | 28 |
| 3.2 企业研究人员占全社会研究人员比重 | 27.8 | 35 |
| 3.3 三方专利数占世界比重 | 0.2 | 33 |
| 3.4 万名企业研究人员 PCT 专利申请数 | 2.9 | 34 |
| 3.5 知识产权使用费收入占服务业出口贸易比重 | 0.8 | 39 |

|  | 得分 | 排名 |
|---|---|---|
| **创新绩效** |  | **34** |
| 4.1 劳动生产率 | 28.7 | 29 |
| 4.2 单位能源消耗的经济产出 | 8.3 | 22 |
| 4.3 单位 $CO_2$ 排放的经济产出 | 17.7 | 27 |
| 4.4 知识密集型服务业增加值占服务业增加值比重 | 8.8 | 36 |
| 4.5 高技术和中高技术产业增加值占制造业增加值比重 | 35.2 | 31 |
| 4.6 高技术产品出口额占世界比重 | 0.3 | 35 |
| **创新环境** |  | **33** |
| 5.1 法治环境 | 54.4 | 31 |
| 5.2 营商的政策环境 | 44.9 | 31 |
| 5.3 市场管制质量 | 58.7 | 29 |
| 5.4 信息化发展水平 | 69.4 | 35 |
| 5.5 风险资本可获得性 | 52.9 | 33 |
| 5.6 外商直接投资净流入与 GDP 之比 | 25.8 | 17 |
| 5.7 企业与大学研究与发展协作程度 | 40.2 | 40 |
| 5.8 创业文化 | 17.6 | 36 |

# 匈牙利

| | |
|---|---|
| 人口 / 万人 | 975.0 |
| 国土面积 / 万平方千米 | 9.3 |
| GDP 总量 / 亿美元 | 1571.8 |
| 人均 GDP / 美元 | 16 121.0 |
| 单位能耗产出 /（美元 / 千克标准油） | 5.13 |
| R&D 经费投入 / 亿美元 | 25.05 |
| R&D 经费投入强度 | 1.61% |
| SCI 收录论文 / 篇 | 9415 |
| PCT 专利申请 / 件 | 139 |
| 高技术产业占制造业出口比重 | 17.43% |

2022—2023 总指数排名 **26**

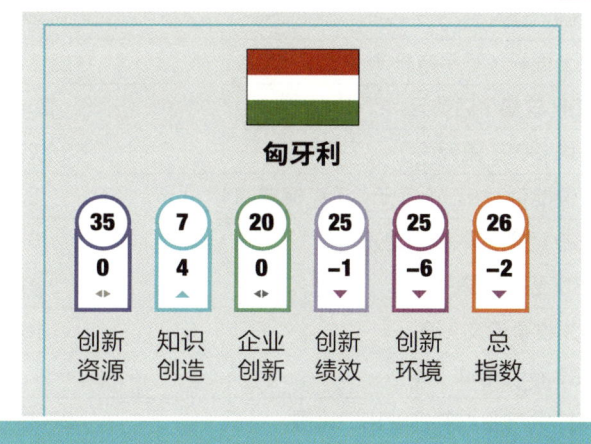

|  | 得分 | 排名 |
|---|---|---|
| **创新资源** | | **35** |
| 1.1 研究与试验发展经费投入强度 | 29.6 | 24 |
| 1.2 研究与试验发展经费占世界比重 | 0.3 | 33 |
| 1.3 基础研究经费占全社会研发经费支出的比重 | 49.3 | 16 |
| 1.4 研究与试验发展人力投入强度 | 57.5 | 25 |
| 1.5 科技人力资源培养水平 | 35.3 | 33 |
| 1.6 世界大学排名 TOP 500 上榜高校平均得分 | — | 35 |
| **知识创造** | | **7** |
| 2.1 学术部门百万研究与试验发展经费科学论文被引次数 | 97.4 | 3 |
| 2.2 高被引论文数量占本国论文比重 | 59.0 | 21 |
| 2.3 亿美元工业增加值工业设计注册申请数 | 4.9 | 33 |
| 2.4 亿美元经济产出发明专利授权数 | 0.8 | 34 |
| 2.5 有效专利数量占世界比重 | 0.1 | 35 |
| **企业创新** | | **20** |
| 3.1 企业研究与试验发展经费与增加值之比 | 24.0 | 19 |
| 3.2 企业研究人员占全社会研究人员比重 | 59.8 | 14 |
| 3.3 三方专利数占世界比重 | 0.2 | 30 |
| 3.4 万名企业研究人员 PCT 专利申请数 | 1.9 | 39 |
| 3.5 知识产权使用费收入占服务业出口贸易比重 | 21.3 | 14 |

|  | 得分 | 排名 |
|---|---|---|
| **创新绩效** | | **25** |
| 4.1 劳动生产率 | 23.1 | 31 |
| 4.2 单位能源消耗的经济产出 | 5.1 | 32 |
| 4.3 单位 $CO_2$ 排放的经济产出 | 18.3 | 26 |
| 4.4 知识密集型服务业增加值占服务业增加值比重 | 33.8 | 12 |
| 4.5 高技术和中高技术产业增加值占制造业增加值比重 | 79.1 | 9 |
| 4.6 高技术产品出口额占世界比重 | 2.4 | 19 |
| **创新环境** | | **25** |
| 5.1 法治环境 | 59.4 | 29 |
| 5.2 营商的政策环境 | 47.0 | 28 |
| 5.3 市场管制质量 | 57.0 | 31 |
| 5.4 信息化发展水平 | 73.7 | 32 |
| 5.5 风险资本可获得性 | 55.9 | 28 |
| 5.6 外商直接投资净流入与 GDP 之比 | 100.0 | 1 |
| 5.7 企业与大学研究与发展协作程度 | 57.3 | 31 |
| 5.8 创业文化 | 38.6 | 29 |

# 冰岛

2022—2023 总指数排名
**20**

|  |  |
|---|---|
| 人口 / 万人 | 36.6 |
| 国土面积 / 万平方千米 | 10 |
| GDP 总量 / 亿美元 | 256.0 |
| 人均 GDP/ 美元 | 68 727.6 |
| 单位能耗产出 /（美元 / 千克标准油） | 2.93 |
| R&D 经费投入 / 亿美元 | 5.37 |
| R&D 经费投入强度 | 2.47% |
| SCI 收录论文 / 篇 | 1636 |
| PCT 专利申请 / 件 | 30 |
| 高技术产业占制造业出口比重 | 27.96% |

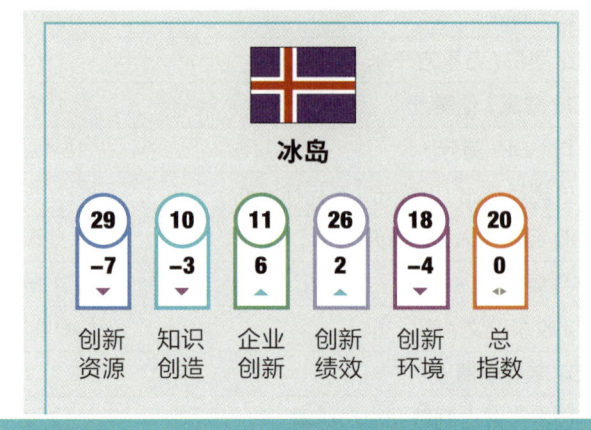

## 创新资源 　　　　　　　　　　　　　得分　排名 　29

| | 得分 | 排名 |
|---|---|---|
| 1.1 研究与试验发展经费投入强度 | 45.5 | 11 |
| 1.2 研究与试验发展经费占世界比重 | 0.1 | 40 |
| 1.3 基础研究经费占全社会研发经费支出的比重 | 43.2 | 22 |
| 1.4 研究与试验发展人力投入强度 | 81.3 | 11 |
| 1.5 科技人力资源培养水平 | 52.2 | 17 |
| 1.6 世界大学排名 TOP 500 上榜高校平均得分 | — | 35 |

## 知识创造 　10

| | 得分 | 排名 |
|---|---|---|
| 2.1 学术部门百万研究与试验发展经费科学论文被引次数 | 86.9 | 4 |
| 2.2 高被引论文数量占本国论文比重 | 62.1 | 16 |
| 2.3 亿美元工业增加值工业设计注册申请量 | 1.4 | 39 |
| 2.4 亿美元经济产出发明专利授权量 | 0.3 | 39 |
| 2.5 有效专利数量占世界比重 | 0.0 | 38 |

## 企业创新 　11

| | 得分 | 排名 |
|---|---|---|
| 3.1 企业研究与试验发展经费与增加值之比 | 34.9 | 12 |
| 3.2 企业研究人员占全社会研究人员比重 | 43.7 | 27 |
| 3.3 三方专利数占世界比重 | 0.0 | 40 |
| 3.4 万名企业研究人员 PCT 专利申请数 | 19.2 | 12 |
| 3.5 知识产权使用费收入占服务业出口贸易比重 | 50.8 | 5 |

## 创新绩效 　26

| | 得分 | 排名 |
|---|---|---|
| 4.1 劳动生产率 | 77.1 | 7 |
| 4.2 单位能源消耗的经济产出 | 2.9 | 34 |
| 4.3 单位 $CO_2$ 排放的经济产出 | 78.4 | 3 |
| 4.4 知识密集型服务业增加值占服务业增加值比重 | — | 38 |
| 4.5 高技术和中高技术产业增加值占制造业增加值比重 | — | 38 |
| 4.6 高技术产品出口额占世界比重 | 0.0 | 40 |

## 创新环境 　18

| | 得分 | 排名 |
|---|---|---|
| 5.1 法治环境 | 92.7 | 9 |
| 5.2 营商的政策环境 | 72.1 | 14 |
| 5.3 市场管制质量 | 81.1 | 15 |
| 5.4 信息化发展水平 | 84.0 | 23 |
| 5.5 风险资本可获得性 | 63.4 | 24 |
| 5.6 外商直接投资净流入与 GDP 之比 | 21.7 | 37 |
| 5.7 企业与大学研究与发展协作程度 | 71.3 | 22 |
| 5.8 创业文化 | 68.0 | 14 |

# 印度

| | |
|---|---|
| 人口 / 万人 | 139 638.7 |
| 国土面积 / 万平方千米 | 298 |
| GDP 总量 / 亿美元 | 31 763.0 |
| 人均 GDP / 美元 | 2256.6 |
| 单位能耗产出 /（美元 / 千克标准油） | 3.01 |
| R&D 经费投入 / 亿美元 | 175.69 |
| R&D 经费投入强度 | 0.65% |
| SCI 收录论文 / 篇 | 11.75 |
| PCT 专利申请 / 件 | 2087 |
| 高技术产业占制造业出口比重 | 11.03% |

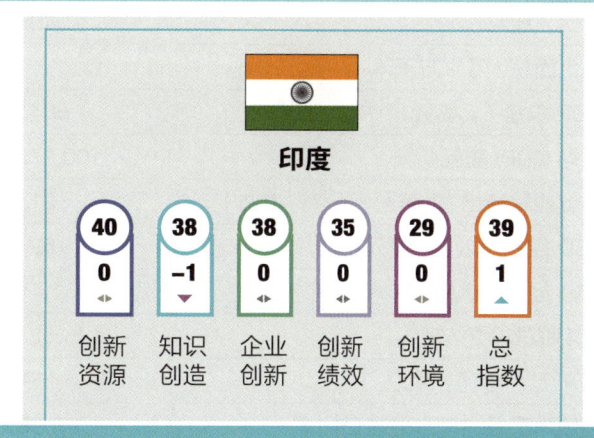

## 创新资源 — 40

| | 得分 | 排名 |
|---|---|---|
| 1.1 研究与试验发展经费投入强度 | 12.0 | 37 |
| 1.2 研究与试验发展经费占世界比重 | 2.4 | 18 |
| 1.3 基础研究经费占全社会研发经费支出的比重 | 0.0 | 34 |
| 1.4 研究与试验发展人力投入强度 | 3.2 | 40 |
| 1.5 科技人力资源培养水平 | 19.2 | 38 |
| 1.6 世界大学排名 TOP 500 上榜高校平均得分 | 62.0 | 19 |

## 知识创造 — 38

| | 得分 | 排名 |
|---|---|---|
| 2.1 学术部门百万研究与试验发展经费科学论文被引次数 | 39.8 | 27 |
| 2.2 高被引论文数量占本国论文比重 | 31.1 | 36 |
| 2.3 亿美元工业增加值工业设计注册申请数 | 10.6 | 16 |
| 2.4 亿美元经济产出发明专利授权数 | 3.0 | 17 |
| 2.5 有效专利数量占世界比重 | 0.9 | 16 |

## 企业创新 — 38

| | 得分 | 排名 |
|---|---|---|
| 3.1 企业研究与试验发展经费与增加值之比 | 3.6 | 37 |
| 3.2 企业研究人员占全社会研究人员比重 | 21.3 | 38 |
| 3.3 三方专利数占世界比重 | 1.3 | 20 |
| 3.4 万名企业研究人员 PCT 专利申请数 | 9.2 | 25 |
| 3.5 知识产权使用费收入占服务业出口贸易比重 | 2.3 | 34 |

## 创新绩效 — 35

| | 得分 | 排名 |
|---|---|---|
| 4.1 劳动生产率 | 3.0 | 40 |
| 4.2 单位能源消耗的经济产出 | 3.0 | 39 |
| 4.3 单位 $CO_2$ 排放的经济产出 | 6.0 | 38 |
| 4.4 知识密集型服务业增加值占服务业增加值比重 | 44.0 | 5 |
| 4.5 高技术和中高技术产业增加值占制造业增加值比重 | 42.7 | 28 |
| 4.6 高技术产品出口额占世界比重 | 2.8 | 17 |

## 创新环境 — 29

| | 得分 | 排名 |
|---|---|---|
| 5.1 法治环境 | 45.6 | 33 |
| 5.2 营商的政策环境 | 44.3 | 32 |
| 5.3 市场管制质量 | 41.5 | 37 |
| 5.4 信息化发展水平 | 63.8 | 39 |
| 5.5 风险资本可获得性 | 73.0 | 15 |
| 5.6 外商直接投资净流入与 GDP 之比 | 26.3 | 14 |
| 5.7 企业与大学研究与发展协作程度 | 63.7 | 26 |
| 5.8 创业文化 | 74.1 | 8 |

# 爱尔兰

2022—2023 总指数排名: 13

| | |
|---|---|
| 人口 / 万人 | 498.5 |
| 国土面积 / 万平方千米 | 7 |
| GDP 总量 / 亿美元 | 5041.8 |
| 人均 GDP / 美元 | 100 172.1 |
| 单位能耗产出 / (美元/千克标准油) | 21.92 |
| R&D 经费投入 / 亿美元 | 52.48 |
| R&D 经费投入强度 | 1.41% |
| SCI 收录论文 / 篇 | 14 052.00 |
| PCT 专利申请 / 件 | 902 |
| 高技术产业占制造业出口比重 | 25.66% |

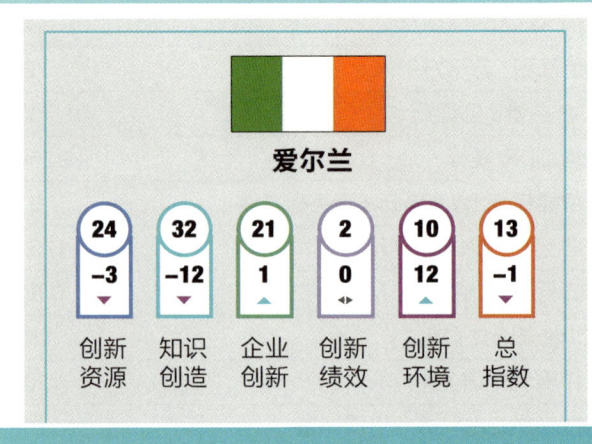

### 创新资源  得分  排名: 24

| | 得分 | 排名 |
|---|---|---|
| 1.1 研究与试验发展经费投入强度 | 22.7 | 31 |
| 1.2 研究与试验发展经费占世界比重 | 0.7 | 27 |
| 1.3 基础研究经费占全社会研发经费支出的比重 | 38.5 | 26 |
| 1.4 研究与试验发展人力投入强度 | 61.8 | 23 |
| 1.5 科技人力资源培养水平 | 50.6 | 20 |
| 1.6 世界大学排名 TOP 500 上榜高校平均得分 | 65.6 | 17 |

### 知识创造  32

| | 得分 | 排名 |
|---|---|---|
| 2.1 学术部门百万研究与试验发展经费科学论文被引次数 | 44.0 | 25 |
| 2.2 高被引论文数量占本国论文比重 | 64.2 | 13 |
| 2.3 亿美元工业增加值工业设计注册申请量 | 1.4 | 38 |
| 2.4 亿美元经济产出发明专利授权量 | 0.1 | 40 |
| 2.5 有效专利数量占世界比重 | 0.0 | 39 |

### 企业创新  21

| | 得分 | 排名 |
|---|---|---|
| 3.1 企业研究与试验发展经费与增加值之比 | 11.7 | 31 |
| 3.2 企业研究人员占全社会研究人员比重 | 56.9 | 18 |
| 3.3 三方专利数占世界比重 | 0.7 | 24 |
| 3.4 万名企业研究人员 PCT 专利申请数 | 19.5 | 10 |
| 3.5 知识产权使用费收入占服务业出口贸易比重 | 18.0 | 17 |

### 创新绩效  2

| | 得分 | 排名 |
|---|---|---|
| 4.1 劳动生产率 | 91.1 | 3 |
| 4.2 单位能源消耗的经济产出 | 21.9 | 2 |
| 4.3 单位 $CO_2$ 排放的经济产出 | 57.9 | 6 |
| 4.4 知识密集型服务业增加值占服务业增加值比重 | 100.0 | 1 |
| 4.5 高技术和中高技术产业增加值占制造业增加值比重 | 75.4 | 14 |
| 4.6 高技术产品出口额占世界比重 | 5.6 | 11 |

### 创新环境  10

| | 得分 | 排名 |
|---|---|---|
| 5.1 法治环境 | 85.0 | 16 |
| 5.2 营商的政策环境 | 81.5 | 6 |
| 5.3 市场管制质量 | 81.7 | 14 |
| 5.4 信息化发展水平 | 87.4 | 20 |
| 5.5 风险资本可获得性 | 75.8 | 13 |
| 5.6 外商直接投资净流入与 GDP 之比 | 30.4 | 4 |
| 5.7 企业与大学研究与发展协作程度 | 87.0 | 6 |
| 5.8 创业文化 | 68.4 | 13 |

# 以色列

| | |
|---|---|
| 人口 / 万人 | 921.5 |
| 国土面积 / 万平方千米 | 3 |
| GDP 总量 / 亿美元 | 4885.3 |
| 人均 GDP / 美元 | 52 170.7 |
| 单位能耗产出 /（美元 / 千克标准油） | 12.85 |
| R&D 经费投入 / 亿美元 | 221.28 |
| R&D 经费投入强度 | 5.44% |
| SCI 收录论文 / 篇 | 2.02 |
| PCT 专利申请 / 件 | 2119 |
| 高技术产业占制造业出口比重 | 28.20% |

2022—2023 总指数排名 **7**

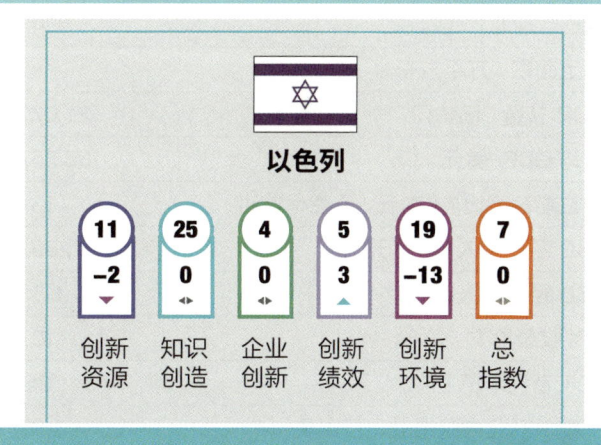

以色列

| 创新资源 | 知识创造 | 企业创新 | 创新绩效 | 创新环境 | 总指数 |
|---|---|---|---|---|---|
| 11 | 25 | 4 | 5 | 19 | 7 |
| -2 ▼ | 0 ◆ | 0 ◆ | 3 ▲ | -13 ▼ | 0 ◆ |

## 创新资源 — 11

| | 得分 | 排名 |
|---|---|---|
| 1.1 研究与试验发展经费投入强度 | 100.0 | 1 |
| 1.2 研究与试验发展经费占世界比重 | 3.1 | 12 |
| 1.3 基础研究经费占全社会研发经费支出的比重 | 21.4 | 32 |
| 1.4 研究与试验发展人力投入强度 | 78.7 | 13 |
| 1.5 科技人力资源培养水平 | 40.6 | 31 |
| 1.6 世界大学排名 TOP 500 上榜高校平均得分 | 53.6 | 29 |

## 知识创造 — 25

| | 得分 | 排名 |
|---|---|---|
| 2.1 学术部门百万研究与试验发展经费科学论文被引次数 | 55.9 | 14 |
| 2.2 高被引论文数量占本国论文比重 | 55.9 | 23 |
| 2.3 亿美元工业增加值工业设计注册申请数 | 8.1 | 20 |
| 2.4 亿美元经济产出发明专利授权数 | 3.3 | 14 |
| 2.5 有效专利数量占世界比重 | 0.4 | 22 |

## 企业创新 — 4

| | 得分 | 排名 |
|---|---|---|
| 3.1 企业研究与试验发展经费与增加值之比 | 100.0 | 1 |
| 3.2 企业研究人员占全社会研究人员比重 | 100.0 | 1 |
| 3.3 三方专利数占世界比重 | 3.4 | 13 |
| 3.4 万名企业研究人员 PCT 专利申请数 | 10.3 | 23 |
| 3.5 知识产权使用费收入占服务业出口贸易比重 | 11.6 | 22 |

## 创新绩效 — 5

| | 得分 | 排名 |
|---|---|---|
| 4.1 劳动生产率 | 67.6 | 12 |
| 4.2 单位能源消耗的经济产出 | 12.8 | 3 |
| 4.3 单位 $CO_2$ 排放的经济产出 | 33.3 | 13 |
| 4.4 知识密集型服务业增加值占服务业增加值比重 | 61.3 | 3 |
| 4.5 高技术和中高技术产业增加值占制造业增加值比重 | 77.3 | 10 |
| 4.6 高技术产品出口额占世界比重 | 1.7 | 23 |

## 创新环境 — 19

| | 得分 | 排名 |
|---|---|---|
| 5.1 法治环境 | 71.9 | 25 |
| 5.2 营商的政策环境 | 63.8 | 22 |
| 5.3 市场管制质量 | 75.9 | 20 |
| 5.4 信息化发展水平 | 89.9 | 15 |
| 5.5 风险资本可获得性 | 72.3 | 17 |
| 5.6 外商直接投资净流入与 GDP 之比 | 28.6 | 5 |
| 5.7 企业与大学研究与发展协作程度 | 97.5 | 2 |
| 5.8 创业文化 | 53.2 | 24 |

# 意大利

2022—2023 总指数排名
**24**

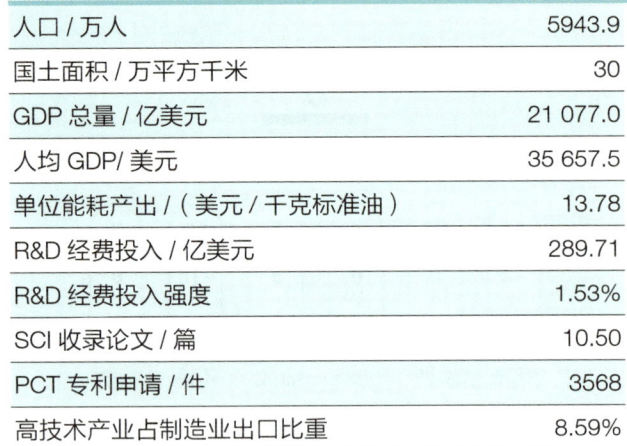

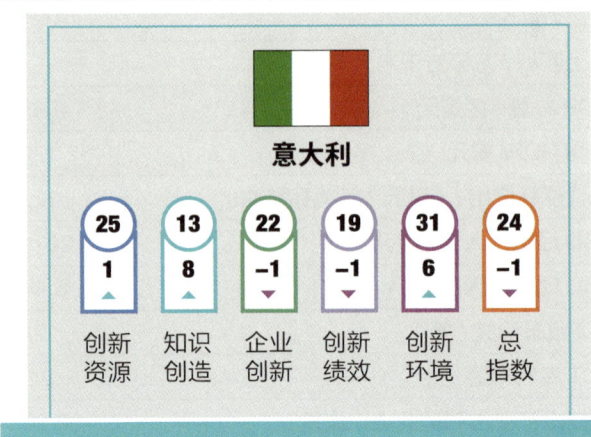

|  |  | 得分 | 排名 |
|---|---|---|---|
| | **创新资源** | | **25** |
| 1.1 | 研究与试验发展经费投入强度 | 28.2 | 25 |
| 1.2 | 研究与试验发展经费占世界比重 | 4.0 | 8 |
| 1.3 | 基础研究经费占全社会研发经费支出的比重 | 52.0 | 12 |
| 1.4 | 研究与试验发展人力投入强度 | 54.1 | 27 |
| 1.5 | 科技人力资源培养水平 | 44.5 | 26 |
| 1.6 | 世界大学排名 TOP 500 上榜高校平均得分 | 54.2 | 28 |
| | **知识创造** | | **13** |
| 2.1 | 学术部门百万研究与试验发展经费科学论文被引次数 | 52.0 | 16 |
| 2.2 | 高被引论文数量占本国论文比重 | 59.9 | 20 |
| 2.3 | 亿美元工业增加值工业设计注册申请量 | 11.2 | 13 |
| 2.4 | 亿美元经济产出发明专利授权量 | 6.9 | 8 |
| 2.5 | 有效专利数量占世界比重 | 14.6 | 5 |
| | **企业创新** | | **22** |
| 3.1 | 企业研究与试验发展经费与增加值之比 | 18.5 | 22 |
| 3.2 | 企业研究人员占全社会研究人员比重 | 48.0 | 25 |
| 3.3 | 三方专利数占世界比重 | 5.2 | 9 |
| 3.4 | 万名企业研究人员 PCT 专利申请数 | 15.8 | 18 |
| 3.5 | 知识产权使用费收入占服务业出口贸易比重 | 18.2 | 16 |
| | **创新绩效** | | **19** |
| 4.1 | 劳动生产率 | 52.0 | 21 |
| 4.2 | 单位能源消耗的经济产出 | 13.8 | 11 |
| 4.3 | 单位 $CO_2$ 排放的经济产出 | 32.9 | 14 |
| 4.4 | 知识密集型服务业增加值占服务业增加值比重 | 25.5 | 20 |
| 4.5 | 高技术和中高技术产业增加值占制造业增加值比重 | 56.6 | 23 |
| 4.6 | 高技术产品出口额占世界比重 | 4.3 | 14 |
| | **创新环境** | | **31** |
| 5.1 | 法治环境 | 52.3 | 32 |
| 5.2 | 营商的政策环境 | 50.6 | 26 |
| 5.3 | 市场管制质量 | 57.5 | 30 |
| 5.4 | 信息化发展水平 | 79.8 | 28 |
| 5.5 | 风险资本可获得性 | 54.8 | 29 |
| 5.6 | 外商直接投资净流入与 GDP 之比 | 23.8 | 35 |
| 5.7 | 企业与大学研究与发展协作程度 | 73.1 | 21 |
| 5.8 | 创业文化 | 25.7 | 33 |

| | |
|---|---|
| 人口 / 万人 | 5943.9 |
| 国土面积 / 万平方千米 | 30 |
| GDP 总量 / 亿美元 | 21 077.0 |
| 人均 GDP/ 美元 | 35 657.5 |
| 单位能耗产出 / (美元 / 千克标准油) | 13.78 |
| R&D 经费投入 / 亿美元 | 289.71 |
| R&D 经费投入强度 | 1.53% |
| SCI 收录论文 / 篇 | 10.50 |
| PCT 专利申请 / 件 | 3568 |
| 高技术产业占制造业出口比重 | 8.59% |

# 日本

| | |
|---|---|
| 人口 / 万人 | 12 626.1 |
| 国土面积 / 万平方千米 | 38 |
| GDP 总量 / 亿美元 | 49 408.8 |
| 人均 GDP/ 美元 | 39 312.7 |
| 单位能耗产出 /（美元 / 千克标准油） | 13.04 |
| R&D 经费投入 / 亿美元 | 1650.43 |
| R&D 经费投入强度 | 3.27% |
| SCI 收录论文 / 篇 | 10.20 |
| PCT 专利申请 / 件 | 50 275 |
| 高技术产业占制造业出口比重 | 18.60% |

2022—2023 总指数排名

**4**

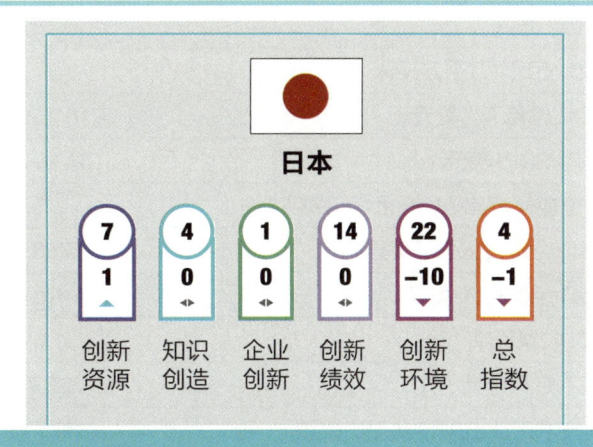

## 创新资源    得分 排名    7

| | 得分 | 排名 |
|---|---|---|
| 1.1 研究与试验发展经费投入强度 | 60.2 | 5 |
| 1.2 研究与试验发展经费占世界比重 | 22.9 | 3 |
| 1.3 基础研究经费占全社会研发经费支出的比重 | 29.2 | 30 |
| 1.4 研究与试验发展人力投入强度 | 67.9 | 17 |
| 1.5 科技人力资源培养水平 | 43.5 | 29 |
| 1.6 世界大学排名 TOP 500 上榜高校平均得分 | 83.4 | 4 |

## 知识创造    4

| | 得分 | 排名 |
|---|---|---|
| 2.1 学术部门百万研究与试验发展经费科学论文被引次数 | 13.4 | 40 |
| 2.2 高被引论文数量占本国论文比重 | 35.0 | 34 |
| 2.3 亿美元工业增加值工业设计注册申请数 | 15.2 | 8 |
| 2.4 亿美元经济产出发明专利授权数 | 44.1 | 2 |
| 2.5 有效专利数量占世界比重 | 73.1 | 2 |

## 企业创新    1

| | 得分 | 排名 |
|---|---|---|
| 3.1 企业研究与试验发展经费与增加值之比 | 43.6 | 6 |
| 3.2 企业研究人员占全社会研究人员比重 | 76.4 | 3 |
| 3.3 三方专利数占世界比重 | 100.0 | 1 |
| 3.4 万名企业研究人员 PCT 专利申请数 | 33.7 | 3 |
| 3.5 知识产权使用费收入占服务业出口贸易比重 | 100.0 | 1 |

## 创新绩效    14

| | 得分 | 排名 |
|---|---|---|
| 4.1 劳动生产率 | 50.6 | 22 |
| 4.2 单位能源消耗的经济产出 | 13.0 | 8 |
| 4.3 单位 $CO_2$ 排放的经济产出 | 24.5 | 21 |
| 4.4 知识密集型服务业增加值占服务业增加值比重 | 23.4 | 23 |
| 4.5 高技术和中高技术产业增加值占制造业增加值比重 | 84.1 | 7 |
| 4.6 高技术产品出口额占世界比重 | 13.6 | 5 |

## 创新环境    22

| | 得分 | 排名 |
|---|---|---|
| 5.1 法治环境 | 85.6 | 15 |
| 5.2 营商的政策环境 | 71.1 | 15 |
| 5.3 市场管制质量 | 78.7 | 17 |
| 5.4 信息化发展水平 | 91.0 | 13 |
| 5.5 风险资本可获得性 | 62.8 | 25 |
| 5.6 外商直接投资净流入与 GDP 之比 | 25.5 | 22 |
| 5.7 企业与大学研究与发展协作程度 | 74.2 | 20 |
| 5.8 创业文化 | 35.5 | 30 |

# 韩国

| | |
|---|---|
| 人口 / 万人 | 5183.6 |
| 国土面积 / 万平方千米 | 10 |
| GDP 总量 / 亿美元 | 18 109.6 |
| 人均 GDP/ 美元 | 34 997.8 |
| 单位能耗产出 /（美元 / 千克标准油） | 5.76 |
| R&D 经费投入 / 亿美元 | 788.57 |
| R&D 经费投入强度 | 4.81% |
| SCI 收录论文 / 篇 | 8.32 |
| PCT 专利申请 / 件 | 20 723 |
| 高技术产业占制造业出口比重 | 35.71% |

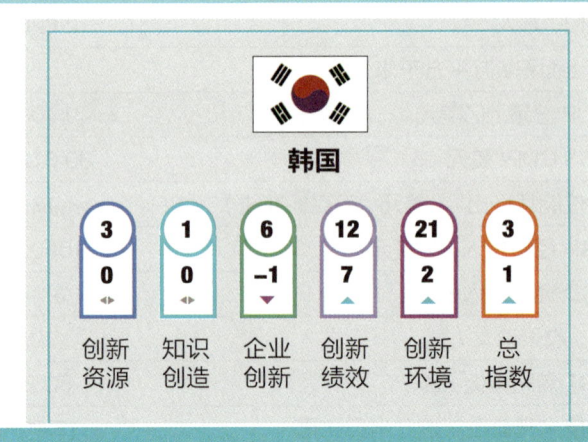

## 创新资源    3

| | 得分 | 排名 |
|---|---|---|
| 1.1 研究与试验发展经费投入强度 | 88.6 | 2 |
| 1.2 研究与试验发展经费占世界比重 | 10.9 | 5 |
| 1.3 基础研究经费占全社会研发经费支出的比重 | 34.3 | 29 |
| 1.4 研究与试验发展人力投入强度 | 98.9 | 2 |
| 1.5 科技人力资源培养水平 | 66.3 | 4 |
| 1.6 世界大学排名 TOP 500 上榜高校平均得分 | 74.2 | 12 |

## 知识创造    1

| | 得分 | 排名 |
|---|---|---|
| 2.1 学术部门百万研究与试验发展经费科学论文被引次数 | 22.9 | 36 |
| 2.2 高被引论文数量占本国论文比重 | 37.3 | 32 |
| 2.3 亿美元工业增加值工业设计注册申请量 | 99.9 | 2 |
| 2.4 亿美元经济产出发明专利授权量 | 100.0 | 1 |
| 2.5 有效专利数量占世界比重 | 50.0 | 4 |

## 企业创新    6

| | 得分 | 排名 |
|---|---|---|
| 3.1 企业研究与试验发展经费与增加值之比 | 67.1 | 2 |
| 3.2 企业研究人员占全社会研究人员比重 | 83.6 | 2 |
| 3.3 三方专利数占世界比重 | 18.6 | 5 |
| 3.4 万名企业研究人员 PCT 专利申请数 | 18.8 | 13 |
| 3.5 知识产权使用费收入占服务业出口贸易比重 | 28.6 | 9 |

## 创新绩效    12

| | 得分 | 排名 |
|---|---|---|
| 4.1 劳动生产率 | 41.9 | 24 |
| 4.2 单位能源消耗的经济产出 | 5.8 | 29 |
| 4.3 单位 $CO_2$ 排放的经济产出 | 14.0 | 32 |
| 4.4 知识密集型服务业增加值占服务业增加值比重 | 55.4 | 4 |
| 4.5 高技术和中高技术产业增加值占制造业增加值比重 | 88.3 | 4 |
| 4.6 高技术产品出口额占世界比重 | 21.6 | 3 |

## 创新环境    21

| | 得分 | 排名 |
|---|---|---|
| 5.1 法治环境 | 76.8 | 22 |
| 5.2 营商的政策环境 | 59.0 | 23 |
| 5.3 市场管制质量 | 70.7 | 23 |
| 5.4 信息化发展水平 | 94.6 | 9 |
| 5.5 风险资本可获得性 | 60.0 | 27 |
| 5.6 外商直接投资净流入与 GDP 之比 | 25.0 | 30 |
| 5.7 企业与大学研究与发展协作程度 | 82.5 | 12 |
| 5.8 创业文化 | 71.8 | 10 |

# 卢森堡

| | |
|---|---|
| 人口 / 万人 | 63.0 |
| 国土面积 / 万平方千米 | 0.26 |
| GDP 总量 / 亿美元 | 855.1 |
| 人均 GDP/ 美元 | 133 590.1 |
| 单位能耗产出 /（美元 / 千克标准油） | 15.49 |
| R&D 经费投入 / 亿美元 | 8.28 |
| R&D 经费投入强度 | 1.13% |
| SCI 收录论文 / 篇 | 1946 |
| PCT 专利申请 / 件 | 346 |
| 高技术产业占制造业出口比重 | 5.62% |

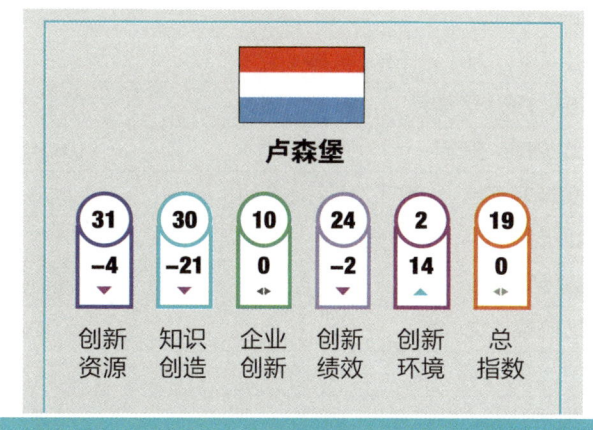

|  | 得分 | 排名 |
|---|---|---|
| **创新资源** | | **31** |
| 1.1 研究与试验发展经费投入强度 | 20.8 | 32 |
| 1.2 研究与试验发展经费占世界比重 | 0.1 | 39 |
| 1.3 基础研究经费占全社会研发经费支出的比重 | 100.0 | 1 |
| 1.4 研究与试验发展人力投入强度 | 82.9 | 10 |
| 1.5 科技人力资源培养水平 | 12.4 | 40 |
| 1.6 世界大学排名 TOP 500 上榜高校平均得分 | 0.0 | 35 |
| **知识创造** | | **30** |
| 2.1 学术部门百万研究与试验发展经费科学论文被引次数 | 36.4 | 29 |
| 2.2 高被引论文数量占本国论文比重 | 57.6 | 22 |
| 2.3 亿美元工业增加值工业设计注册申请数 | 14.3 | 10 |
| 2.4 亿美元经济产出发明专利授权数 | 2.5 | 20 |
| 2.5 有效专利数量占世界比重 | 0.1 | 33 |
| **企业创新** | | **10** |
| 3.1 企业研究与试验发展经费与增加值之比 | 9.7 | 33 |
| 3.2 企业研究人员占全社会研究人员比重 | 38.4 | 32 |
| 3.3 三方专利数占世界比重 | 0.2 | 32 |
| 3.4 万名企业研究人员 PCT 专利申请数 | 100.0 | 1 |
| 3.5 知识产权使用费收入占服务业出口贸易比重 | 5.6 | 30 |

|  | 得分 | 排名 |
|---|---|---|
| **创新绩效** | | **24** |
| 4.1 劳动生产率 | 91.0 | 4 |
| 4.2 单位能源消耗的经济产出 | 15.5 | 6 |
| 4.3 单位 $CO_2$ 排放的经济产出 | 38.1 | 10 |
| 4.4 知识密集型服务业增加值占服务业增加值比重 | 0.0 | 38 |
| 4.5 高技术和中高技术产业增加值占制造业增加值比重 | 0.0 | 38 |
| 4.6 高技术产品出口额占世界比重 | 0.1 | 37 |
| **创新环境** | | **2** |
| 5.1 法治环境 | 92.6 | 10 |
| 5.2 营商的政策环境 | 68.6 | 18 |
| 5.3 市场管制质量 | 90.9 | 4 |
| 5.4 信息化发展水平 | 89.8 | 17 |
| 5.5 风险资本可获得性 | 75.8 | 13 |
| 5.6 外商直接投资净流入与 GDP 之比 | 83.3 | 2 |
| 5.7 企业与大学研究与发展协作程度 | 78.0 | 16 |
| 5.8 创业文化 | 75.1 | 7 |

# 墨西哥

2022—2023 总指数排名: **36**

| | |
|---|---|
| 人口 / 万人 | 12 599.8 |
| 国土面积 / 万平方千米 | 196 |
| GDP 总量 / 亿美元 | 12 728.4 |
| 人均 GDP / 美元 | 10 045.7 |
| 单位能耗产出 /（美元 / 千克标准油） | 6.54 |
| R&D 经费投入 / 亿美元 | 32.32 |
| R&D 经费投入强度 | 0.30% |
| SCI 收录论文 / 篇 | 2.27 |
| PCT 专利申请 / 件 | 166 |
| 高技术产业占制造业出口比重 | 21.51% |

墨西哥

| 创新资源 | 知识创造 | 企业创新 | 创新绩效 | 创新环境 | 总指数 |
|---|---|---|---|---|---|
| 33 ↑1 | 39 →0 | 33 →0 | 29 ↑1 | 36 ↓-1 | 36 →0 |

## 创新资源 — 33

| | 得分 | 排名 |
|---|---|---|
| 1.1 研究与试验发展经费投入强度 | 5.5 | 40 |
| 1.2 研究与试验发展经费占世界比重 | 0.4 | 29 |
| 1.3 基础研究经费占全社会研发经费支出的比重 | 72.8 | 6 |
| 1.4 研究与试验发展人力投入强度 | 5.2 | 39 |
| 1.5 科技人力资源培养水平 | 28.8 | 37 |
| 1.6 世界大学排名 TOP 500 上榜高校平均得分 | 72.2 | 13 |

## 知识创造 — 39

| | 得分 | 排名 |
|---|---|---|
| 2.1 学术部门百万研究与试验发展经费科学论文被引次数 | 33.5 | 32 |
| 2.2 高被引论文数量占本国论文比重 | 28.1 | 38 |
| 2.3 亿美元工业增加值工业设计注册申请量 | 2.2 | 37 |
| 2.4 亿美元经济产出发明专利授权量 | 0.6 | 37 |
| 2.5 有效专利数量占世界比重 | 0.3 | 25 |

## 企业创新 — 33

| | 得分 | 排名 |
|---|---|---|
| 3.1 企业研究与试验发展经费与增加值之比 | 1.1 | 40 |
| 3.2 企业研究人员占全社会研究人员比重 | 48.3 | 24 |
| 3.3 三方专利数占世界比重 | 0.1 | 35 |
| 3.4 万名企业研究人员 PCT 专利申请数 | 2.9 | 35 |
| 3.5 知识产权使用费收入占服务业出口贸易比重 | 0.2 | 40 |

## 创新绩效 — 29

| | 得分 | 排名 |
|---|---|---|
| 4.1 劳动生产率 | 20.6 | 32 |
| 4.2 单位能源消耗的经济产出 | 6.5 | 24 |
| 4.3 单位 $CO_2$ 排放的经济产出 | 14.6 | 31 |
| 4.4 知识密集型服务业增加值占服务业增加值比重 | 2.7 | 37 |
| 4.5 高技术和中高技术产业增加值占制造业增加值比重 | 68.8 | 16 |
| 4.6 高技术产品出口额占世界比重 | 9.4 | 9 |

## 创新环境 — 36

| | 得分 | 排名 |
|---|---|---|
| 5.1 法治环境 | 28.7 | 39 |
| 5.2 营商的政策环境 | 30.2 | 38 |
| 5.3 市场管制质量 | 46.9 | 34 |
| 5.4 信息化发展水平 | 63.9 | 38 |
| 5.5 风险资本可获得性 | 50.8 | 34 |
| 5.6 外商直接投资净流入与 GDP 之比 | 26.6 | 11 |
| 5.7 企业与大学研究与发展协作程度 | 49.1 | 36 |
| 5.8 创业文化 | 52.0 | 25 |

# 荷兰

| | |
|---|---|
| 人口 / 万人 | 1744.2 |
| 国土面积 / 万平方千米 | 4 |
| GDP 总量 / 亿美元 | 10 128.5 |
| 人均 GDP/ 美元 | 57 767.9 |
| 单位能耗产出 /（美元 / 千克标准油） | 13.10 |
| R&D 经费投入 / 亿美元 | 209.66 |
| R&D 经费投入强度 | 2.29% |
| SCI 收录论文 / 篇 | 5.59 |
| PCT 专利申请 / 件 | 4116 |
| 高技术产业占制造业出口比重 | 23.14% |

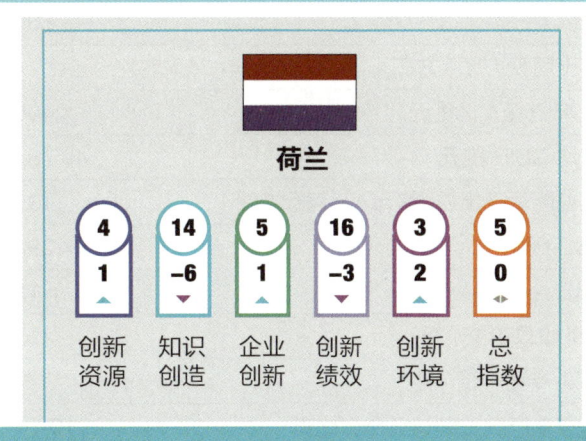

| | 得分 | 排名 |
|---|---|---|
| **创新资源** | | **4** |
| 1.1 研究与试验发展经费投入强度 | 42.2 | 14 |
| 1.2 研究与试验发展经费占世界比重 | 2.9 | 14 |
| 1.3 基础研究经费占全社会研发经费支出的比重 | 57.4 | 10 |
| 1.4 研究与试验发展人力投入强度 | 89.7 | 5 |
| 1.5 科技人力资源培养水平 | 58.6 | 9 |
| 1.6 世界大学排名 TOP 500 上榜高校平均得分 | 80.2 | 7 |
| **知识创造** | | **14** |
| 2.1 学术部门百万研究与试验发展经费科学论文被引次数 | 59.5 | 10 |
| 2.2 高被引论文数量占本国论文比重 | 71.2 | 6 |
| 2.3 亿美元工业增加值工业设计注册申请数 | 8.0 | 22 |
| 2.4 亿美元经济产出发明专利授权数 | 2.7 | 18 |
| 2.5 有效专利数量占世界比重 | 1.3 | 12 |
| **企业创新** | | **5** |
| 3.1 企业研究与试验发展经费与增加值之比 | 29.5 | 14 |
| 3.2 企业研究人员占全社会研究人员比重 | 70.7 | 6 |
| 3.3 三方专利数占世界比重 | 4.9 | 11 |
| 3.4 万名企业研究人员 PCT 专利申请数 | 19.5 | 11 |
| 3.5 知识产权使用费收入占服务业出口贸易比重 | 93.5 | 2 |

| | 得分 | 排名 |
|---|---|---|
| **创新绩效** | | **16** |
| 4.1 劳动生产率 | 65.2 | 15 |
| 4.2 单位能源消耗的经济产出 | 13.1 | 15 |
| 4.3 单位 $CO_2$ 排放的经济产出 | 32.2 | 16 |
| 4.4 知识密集型服务业增加值占服务业增加值比重 | 27.6 | 17 |
| 4.5 高技术和中高技术产业增加值占制造业增加值比重 | 60.4 | 21 |
| 4.6 高技术产品出口额占世界比重 | 11.5 | 7 |
| **创新环境** | | **3** |
| 5.1 法治环境 | 91.7 | 11 |
| 5.2 营商的政策环境 | 83.4 | 5 |
| 5.3 市场管制质量 | 88.7 | 7 |
| 5.4 信息化发展水平 | 98.2 | 4 |
| 5.5 风险资本可获得性 | 91.5 | 5 |
| 5.6 外商直接投资净流入与 GDP 之比 | 7.6 | 39 |
| 5.7 企业与大学研究与发展协作程度 | 88.0 | 4 |
| 5.8 创业文化 | 100.0 | 1 |

# 新西兰

| | |
|---|---|
| 人口 / 万人 | 509.0 |
| 国土面积 / 万平方千米 | 27 |
| GDP 总量 / 亿美元 | 2498.9 |
| 人均 GDP / 美元 | 48 781.0 |
| 单位能耗产出 / (美元 / 千克标准油) | 10.56 |
| R&D 经费投入 / 亿美元 | 29.50 |
| R&D 经费投入强度 | 1.41% |
| SCI 收录论文 / 篇 | 1.40 |
| PCT 专利申请 / 件 | 371 |
| 高技术产业占制造业出口比重 | 10.14% |

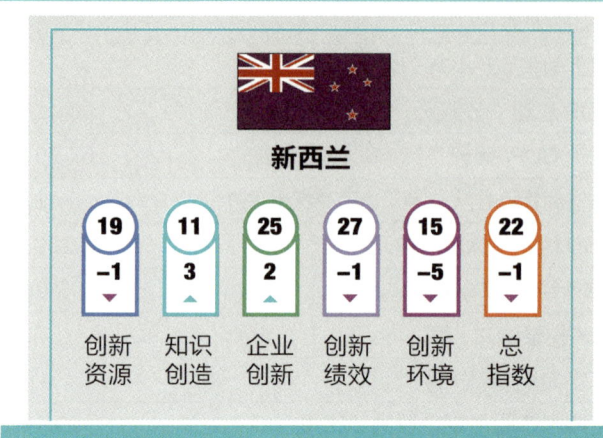

**2022—2023 总指数排名 22**

## 创新资源 — 19

| | 得分 | 排名 |
|---|---|---|
| 1.1 研究与试验发展经费投入强度 | 26.0 | 27 |
| 1.2 研究与试验发展经费占世界比重 | 0.4 | 31 |
| 1.3 基础研究经费占全社会研发经费支出的比重 | 52.8 | 11 |
| 1.4 研究与试验发展人力投入强度 | 72.0 | 15 |
| 1.5 科技人力资源培养水平 | 54.1 | 14 |
| 1.6 世界大学排名 TOP 500 上榜高校平均得分 | 61.0 | 21 |

## 知识创造 — 11

| | 得分 | 排名 |
|---|---|---|
| 2.1 学术部门百万研究与试验发展经费科学论文被引次数 | 75.2 | 6 |
| 2.2 高被引论文数量占本国论文比重 | 66.5 | 10 |
| 2.3 亿美元工业增加值工业设计注册申请量 | 7.5 | 25 |
| 2.4 亿美元经济产出发明专利授权量 | 0.5 | 38 |
| 2.5 有效专利数量占世界比重 | 0.2 | 29 |

## 企业创新 — 25

| | 得分 | 排名 |
|---|---|---|
| 3.1 企业研究与试验发展经费与增加值之比 | 16.4 | 25 |
| 3.2 企业研究人员占全社会研究人员比重 | 40.2 | 30 |
| 3.3 三方专利数占世界比重 | 0.3 | 27 |
| 3.4 万名企业研究人员 PCT 专利申请数 | 9.3 | 24 |
| 3.5 知识产权使用费收入占服务业出口贸易比重 | 26.3 | 11 |

## 创新绩效 — 27

| | 得分 | 排名 |
|---|---|---|
| 4.1 劳动生产率 | 54.3 | 20 |
| 4.2 单位能源消耗的经济产出 | 10.6 | 18 |
| 4.3 单位 $CO_2$ 排放的经济产出 | 32.5 | 15 |
| 4.4 知识密集型服务业增加值占服务业增加值比重 | 11.6 | 35 |
| 4.5 高技术和中高技术产业增加值占制造业增加值比重 | 30.0 | 36 |
| 4.6 高技术产品出口额占世界比重 | 0.1 | 38 |

## 创新环境 — 15

| | 得分 | 排名 |
|---|---|---|
| 5.1 法治环境 | 94.9 | 3 |
| 5.2 营商的政策环境 | 69.0 | 17 |
| 5.3 市场管制质量 | 91.8 | 2 |
| 5.4 信息化发展水平 | 87.6 | 19 |
| 5.5 风险资本可获得性 | 66.8 | 23 |
| 5.6 外商直接投资净流入与 GDP 之比 | 26.0 | 15 |
| 5.7 企业与大学研究与发展协作程度 | 69.6 | 24 |
| 5.8 创业文化 | 67.5 | 15 |

# 挪威

| | |
|---|---|
| 人口 / 万人 | 537.9 |
| 国土面积 / 万平方千米 | 39 |
| GDP 总量 / 亿美元 | 4821.8 |
| 人均 GDP / 美元 | 89 154.3 |
| 单位能耗产出 /（美元 / 千克标准油） | 13.04 |
| R&D 经费投入 / 亿美元 | 82.51 |
| R&D 经费投入强度 | 2.28% |
| SCI 收录论文 / 篇 | 2.18 |
| PCT 专利申请 / 件 | 721 |
| 高技术产业占制造业出口比重 | 22.07% |

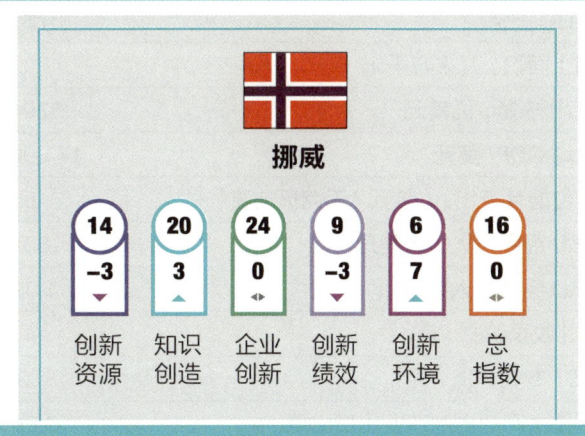

## 创新资源　14

| | 得分 | 排名 |
|---|---|---|
| 1.1 研究与试验发展经费投入强度 | 41.9 | 15 |
| 1.2 研究与试验发展经费占世界比重 | 1.1 | 23 |
| 1.3 基础研究经费占全社会研发经费支出的比重 | 41.5 | 24 |
| 1.4 研究与试验发展人力投入强度 | 85.5 | 8 |
| 1.5 科技人力资源培养水平 | 56.0 | 12 |
| 1.6 世界大学排名 TOP 500 上榜高校平均得分 | 64.3 | 18 |

## 知识创造　20

| | 得分 | 排名 |
|---|---|---|
| 2.1 学术部门百万研究与试验发展经费科学论文被引次数 | 33.7 | 31 |
| 2.2 高被引论文数量占本国论文比重 | 65.4 | 12 |
| 2.3 亿美元工业增加值工业设计注册申请数 | 2.7 | 36 |
| 2.4 亿美元经济产出发明专利授权数 | 1.9 | 25 |
| 2.5 有效专利数量占世界比重 | 0.3 | 24 |

## 企业创新　24

| | 得分 | 排名 |
|---|---|---|
| 3.1 企业研究与试验发展经费与增加值之比 | 25.9 | 17 |
| 3.2 企业研究人员占全社会研究人员比重 | 52.1 | 20 |
| 3.3 三方专利数占世界比重 | 0.7 | 23 |
| 3.4 万名企业研究人员 PCT 专利申请数 | 12.9 | 21 |
| 3.5 知识产权使用费收入占服务业出口贸易比重 | 3.1 | 33 |

## 创新绩效　9

| | 得分 | 排名 |
|---|---|---|
| 4.1 劳动生产率 | 88.8 | 5 |
| 4.2 单位能源消耗的经济产出 | 13.0 | 12 |
| 4.3 单位 $CO_2$ 排放的经济产出 | 58.4 | 5 |
| 4.4 知识密集型服务业增加值占服务业增加值比重 | 29.4 | 16 |
| 4.5 高技术和中高技术产业增加值占制造业增加值比重 | 51.4 | 25 |
| 4.6 高技术产品出口额占世界比重 | 0.5 | 32 |

## 创新环境　6

| | 得分 | 排名 |
|---|---|---|
| 5.1 法治环境 | 97.5 | 2 |
| 5.2 营商的政策环境 | 77.2 | 11 |
| 5.3 市场管制质量 | 87.3 | 8 |
| 5.4 信息化发展水平 | 94.2 | 10 |
| 5.5 风险资本可获得性 | 88.8 | 7 |
| 5.6 外商直接投资净流入与 GDP 之比 | 23.8 | 34 |
| 5.7 企业与大学研究与发展协作程度 | 77.5 | 17 |
| 5.8 创业文化 | 82.7 | 2 |

# 波兰

2022—2023 总指数排名
**31**

| | |
|---|---|
| 人口 / 万人 | 3789.9 |
| 国土面积 / 万平方千米 | 32 |
| GDP 总量 / 亿美元 | 6794.5 |
| 人均 GDP / 美元 | 17 999.9 |
| 单位能耗产出 /（美元 / 千克标准油） | 5.86 |
| R&D 经费投入 / 亿美元 | 83.05 |
| R&D 经费投入强度 | 1.39% |
| SCI 收录论文 / 篇 | 4.42 |
| PCT 专利申请 / 件 | 381 |
| 高技术产业占制造业出口比重 | 9.86% |

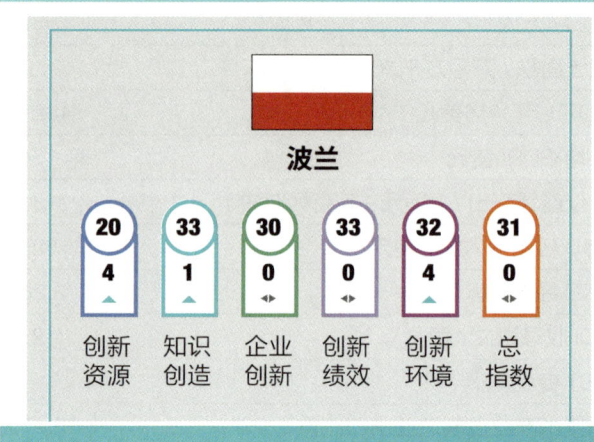

## 创新资源 — 20

| | 得分 | 排名 |
|---|---|---|
| 1.1 研究与试验发展经费投入强度 | 25.6 | 29 |
| 1.2 研究与试验发展经费占世界比重 | 1.2 | 22 |
| 1.3 基础研究经费占全社会研发经费支出的比重 | 78.5 | 5 |
| 1.4 研究与试验发展人力投入强度 | 43.0 | 31 |
| 1.5 科技人力资源培养水平 | 46.6 | 23 |
| 1.6 世界大学排名 TOP 500 上榜高校平均得分 | 58.3 | 25 |

## 知识创造 — 33

| | 得分 | 排名 |
|---|---|---|
| 2.1 学术部门百万研究与试验发展经费科学论文被引次数 | 55.5 | 15 |
| 2.2 高被引论文数量占本国论文比重 | 30.7 | 37 |
| 2.3 亿美元工业增加值工业设计注册申请量 | 15.6 | 7 |
| 2.4 亿美元经济产出发明专利授权量 | 6.0 | 9 |
| 2.5 有效专利数量占世界比重 | 1.0 | 14 |

## 企业创新 — 30

| | 得分 | 排名 |
|---|---|---|
| 3.1 企业研究与试验发展经费与增加值之比 | 15.2 | 29 |
| 3.2 企业研究人员占全社会研究人员比重 | 52.0 | 22 |
| 3.3 三方专利数占世界比重 | 0.4 | 25 |
| 3.4 万名企业研究人员 PCT 专利申请数 | 1.9 | 40 |
| 3.5 知识产权使用费收入占服务业出口贸易比重 | 6.4 | 29 |

## 创新绩效 — 33

| | 得分 | 排名 |
|---|---|---|
| 4.1 劳动生产率 | 25.0 | 30 |
| 4.2 单位能源消耗的经济产出 | 5.9 | 31 |
| 4.3 单位 $CO_2$ 排放的经济产出 | 10.5 | 35 |
| 4.4 知识密集型服务业增加值占服务业增加值比重 | 25.4 | 21 |
| 4.5 高技术和中高技术产业增加值占制造业增加值比重 | 40.8 | 29 |
| 4.6 高技术产品出口额占世界比重 | 2.6 | 18 |

## 创新环境 — 32

| | 得分 | 排名 |
|---|---|---|
| 5.1 法治环境 | 60.1 | 28 |
| 5.2 营商的政策环境 | 29.6 | 39 |
| 5.3 市场管制质量 | 67.1 | 25 |
| 5.4 信息化发展水平 | 76.2 | 29 |
| 5.5 风险资本可获得性 | 53.8 | 32 |
| 5.6 外商直接投资净流入与 GDP 之比 | 26.9 | 10 |
| 5.7 企业与大学研究与发展协作程度 | 46.6 | 39 |
| 5.8 创业文化 | 35.0 | 32 |

# 葡萄牙

| 人口 / 万人 | 1029.7 |
|---|---|
| 国土面积 / 万平方千米 | 9.22 |
| GDP 总量 / 亿美元 | 2290.3 |
| 人均 GDP/ 美元 | 22 242.4 |
| 单位能耗产出 /（美元 / 千克标准油） | 11.35 |
| R&D 经费投入 / 亿美元 | 36.96 |
| R&D 经费投入强度 | 1.62% |
| SCI 收录论文 / 篇 | 2.10 |
| PCT 专利申请 / 件 | 256 |
| 高技术产业占制造业出口比重 | 7.11% |

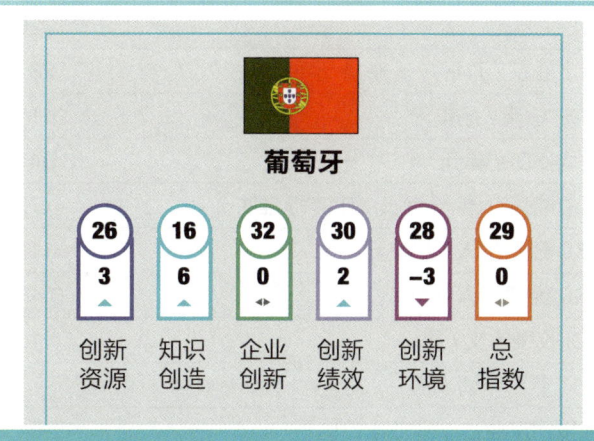

|  | 得分 | 排名 |
|---|---|---|
| **创新资源** | | **26** |
| 1.1 研究与试验发展经费投入强度 | 29.8 | 23 |
| 1.2 研究与试验发展经费占世界比重 | 0.5 | 29 |
| 1.3 基础研究经费占全社会研发经费支出的比重 | 45.7 | 17 |
| 1.4 研究与试验发展人力投入强度 | 60.3 | 24 |
| 1.5 科技人力资源培养水平 | 45.7 | 25 |
| 1.6 世界大学排名 TOP 500 上榜高校平均得分 | 51.0 | 31 |
| **知识创造** | | **16** |
| 2.1 学术部门百万研究与试验发展经费科学论文被引次数 | 77.1 | 5 |
| 2.2 高被引论文数量占本国论文比重 | 49.9 | 29 |
| 2.3 亿美元工业增加值工业设计注册申请数 | 12.5 | 11 |
| 2.4 亿美元经济产出发明专利授权数 | 0.7 | 36 |
| 2.5 有效专利数量占世界比重 | 0.1 | 32 |
| **企业创新** | | **32** |
| 3.1 企业研究与试验发展经费与增加值之比 | 19.6 | 21 |
| 3.2 企业研究人员占全社会研究人员比重 | 42.2 | 29 |
| 3.3 三方专利数占世界比重 | 0.3 | 28 |
| 3.4 万名企业研究人员 PCT 专利申请数 | 4.0 | 31 |
| 3.5 知识产权使用费收入占服务业出口贸易比重 | 2.1 | 35 |

|  | 得分 | 排名 |
|---|---|---|
| **创新绩效** | | **30** |
| 4.1 劳动生产率 | 32.3 | 26 |
| 4.2 单位能源消耗的经济产出 | 11.4 | 19 |
| 4.3 单位 $CO_2$ 排放的经济产出 | 27.9 | 20 |
| 4.4 知识密集型服务业增加值占服务业增加值比重 | 13.7 | 32 |
| 4.5 高技术和中高技术产业增加值占制造业增加值比重 | 31.9 | 33 |
| 4.6 高技术产品出口额占世界比重 | 0.4 | 33 |
| **创新环境** | | **28** |
| 5.1 法治环境 | 76.8 | 21 |
| 5.2 营商的政策环境 | 54.1 | 24 |
| 5.3 市场管制质量 | 65.7 | 26 |
| 5.4 信息化发展水平 | 81.7 | 27 |
| 5.5 风险资本可获得性 | 54.3 | 31 |
| 5.6 外商直接投资净流入与 GDP 之比 | 25.8 | 18 |
| 5.7 企业与大学研究与发展协作程度 | 69.7 | 23 |
| 5.8 创业文化 | 17.0 | 38 |

# 罗马尼亚

2022—2023 总指数排名 **34**

| | |
|---|---|
| 人口 / 万人 | 1926.5 |
| 国土面积 / 万平方千米 | 23.84 |
| GDP 总量 / 亿美元 | 2513.6 |
| 人均 GDP/ 美元 | 13 047.4 |
| 单位能耗产出 /（美元 / 千克标准油） | 7.80 |
| R&D 经费投入 / 亿美元 | 11.70 |
| R&D 经费投入强度 | 0.47% |
| SCI 收录论文 / 篇 | 1.02 |
| PCT 专利申请 / 件 | 39 |
| 高技术产业占制造业出口比重 | 11.94% |

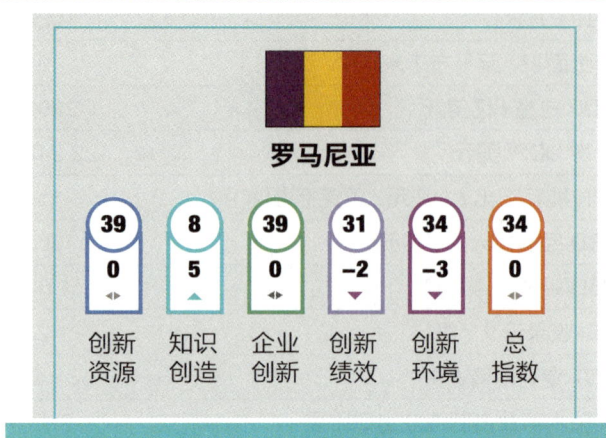

| | 得分 | 排名 |
|---|---|---|
| **创新资源** | | **39** |
| 1.1 研究与试验发展经费投入强度 | 8.6 | 38 |
| 1.2 研究与试验发展经费占世界比重 | 0.2 | 36 |
| 1.3 基础研究经费占全社会研发经费支出的比重 | 44.7 | 18 |
| 1.4 研究与试验发展人力投入强度 | 16.2 | 37 |
| 1.5 科技人力资源培养水平 | 34.6 | 35 |
| 1.6 世界大学排名 TOP 500 上榜高校平均得分 | 0.0 | 35 |
| **知识创造** | | **8** |
| 2.1 学术部门百万研究与试验发展经费科学论文被引次数 | 100.0 | 1 |
| 2.2 高被引论文数量占本国论文比重 | 54.7 | 26 |
| 2.3 亿美元工业增加值工业设计注册申请量 | 3.5 | 34 |
| 2.4 亿美元经济产出发明专利授权量 | 2.3 | 22 |
| 2.5 有效专利数量占世界比重 | 0.1 | 30 |
| **企业创新** | | **39** |
| 3.1 企业研究与试验发展经费与增加值之比 | 4.9 | 36 |
| 3.2 企业研究人员占全社会研究人员比重 | 27.8 | 34 |
| 3.3 三方专利数占世界比重 | 0.0 | 39 |
| 3.4 万名企业研究人员 PCT 专利申请数 | 2.7 | 36 |
| 3.5 知识产权使用费收入占服务业出口贸易比重 | 1.8 | 37 |

| | 得分 | 排名 |
|---|---|---|
| **创新绩效** | | **31** |
| 4.1 劳动生产率 | 20.3 | 33 |
| 4.2 单位能源消耗的经济产出 | 7.8 | 26 |
| 4.3 单位 $CO_2$ 排放的经济产出 | 17.6 | 29 |
| 4.4 知识密集型服务业增加值占服务业增加值比重 | 33.6 | 14 |
| 4.5 高技术和中高技术产业增加值占制造业增加值比重 | 40.1 | 30 |
| 4.6 高技术产品出口额占世界比重 | 0.9 | 26 |
| **创新环境** | | **34** |
| 5.1 法治环境 | 55.6 | 30 |
| 5.2 营商的政策环境 | 35.2 | 37 |
| 5.3 市场管制质量 | 54.5 | 32 |
| 5.4 信息化发展水平 | 68.4 | 36 |
| 5.5 风险资本可获得性 | 43.8 | 36 |
| 5.6 外商直接投资净流入与 GDP 之比 | 25.6 | 20 |
| 5.7 企业与大学研究与发展协作程度 | 49.7 | 35 |
| 5.8 创业文化 | 22.0 | 35 |

# 俄罗斯

| | |
|---|---|
| 人口 / 万人 | 14 407.3 |
| 国土面积 / 万平方千米 | 1709.8 |
| GDP 总量 / 亿美元 | 14 893.6 |
| 人均 GDP/ 美元 | 10 169.1 |
| 单位能耗产出 /（美元 / 千克标准油） | 2.01 |
| R&D 经费投入 / 亿美元 | 162.89 |
| R&D 经费投入强度 | 1.10% |
| SCI 收录论文 / 篇 | 4.67 |
| PCT 专利申请 / 件 | 1061 |
| 高技术产业占制造业出口比重 | 9.13% |

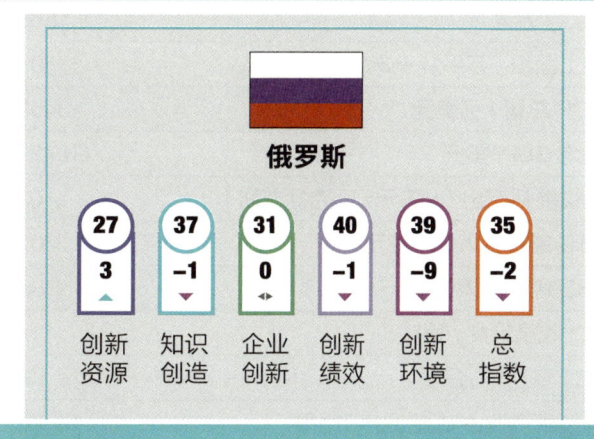

## 创新资源 — 27

| | 得分 | 排名 |
|---|---|---|
| 1.1 研究与试验发展经费投入强度 | 20.2 | 33 |
| 1.2 研究与试验发展经费占世界比重 | 2.3 | 19 |
| 1.3 基础研究经费占全社会研发经费支出的比重 | 41.5 | 23 |
| 1.4 研究与试验发展人力投入强度 | 48.8 | 29 |
| 1.5 科技人力资源培养水平 | 58.2 | 11 |
| 1.6 世界大学排名 TOP 500 上榜高校平均得分 | 57.1 | 27 |

## 知识创造 — 37

| | 得分 | 排名 |
|---|---|---|
| 2.1 学术部门百万研究与试验发展经费科学论文被引次数 | 23.0 | 35 |
| 2.2 高被引论文数量占本国论文比重 | 28.1 | 39 |
| 2.3 亿美元工业增加值工业设计注册申请数 | 6.7 | 28 |
| 2.4 亿美元经济产出发明专利授权数 | 18.3 | 5 |
| 2.5 有效专利数量占世界比重 | 10.0 | 7 |

## 企业创新 — 31

| | 得分 | 排名 |
|---|---|---|
| 3.1 企业研究与试验发展经费与增加值之比 | 11.3 | 32 |
| 3.2 企业研究人员占全社会研究人员比重 | 47.6 | 26 |
| 3.3 三方专利数占世界比重 | 0.8 | 22 |
| 3.4 万名企业研究人员 PCT 专利申请数 | 2.0 | 38 |
| 3.5 知识产权使用费收入占服务业出口贸易比重 | 9.3 | 24 |

## 创新绩效 — 40

| | 得分 | 排名 |
|---|---|---|
| 4.1 劳动生产率 | 14.4 | 37 |
| 4.2 单位能源消耗的经济产出 | 2.0 | 40 |
| 4.3 单位 $CO_2$ 排放的经济产出 | 5.1 | 39 |
| 4.4 知识密集型服务业增加值占服务业增加值比重 | 20.1 | 28 |
| 4.5 高技术和中高技术产业增加值占制造业增加值比重 | 31.1 | 35 |
| 4.6 高技术产品出口额占世界比重 | 0.9 | 27 |

## 创新环境 — 39

| | 得分 | 排名 |
|---|---|---|
| 5.1 法治环境 | 26.4 | 40 |
| 5.2 营商的政策环境 | 46.0 | 29 |
| 5.3 市场管制质量 | 34.0 | 39 |
| 5.4 信息化发展水平 | 74.2 | 31 |
| 5.5 风险资本可获得性 | 39.9 | 39 |
| 5.6 外商直接投资净流入与 GDP 之比 | 25.0 | 28 |
| 5.7 企业与大学研究与发展协作程度 | 58.4 | 30 |
| 5.8 创业文化 | 25.3 | 34 |

# 新加坡

2022—2023 总指数排名
**12**

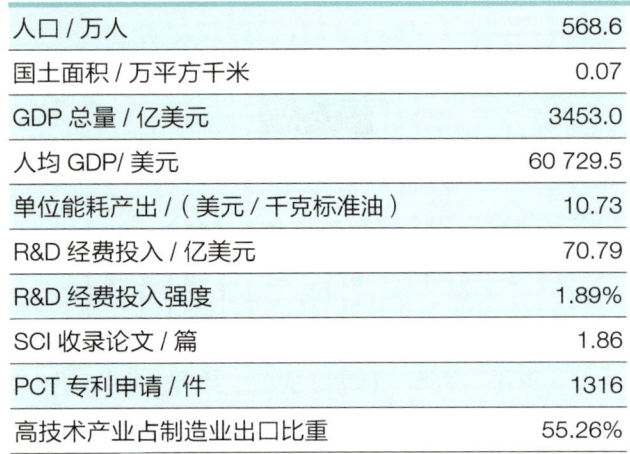

| | |
|---|---|
| 人口 / 万人 | 568.6 |
| 国土面积 / 万平方千米 | 0.07 |
| GDP 总量 / 亿美元 | 3453.0 |
| 人均 GDP/ 美元 | 60 729.5 |
| 单位能耗产出 /（美元 / 千克标准油） | 10.73 |
| R&D 经费投入 / 亿美元 | 70.79 |
| R&D 经费投入强度 | 1.89% |
| SCI 收录论文 / 篇 | 1.86 |
| PCT 专利申请 / 件 | 1316 |
| 高技术产业占制造业出口比重 | 55.26% |

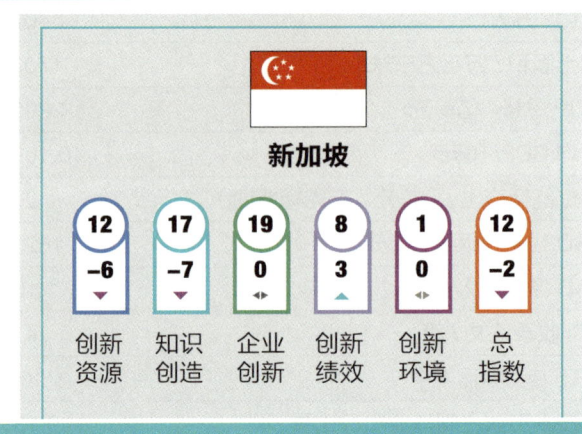

| | 得分 | 排名 |
|---|---|---|
| **创新资源** | | **12** |
| 1.1 研究与试验发展经费投入强度 | 34.8 | 19 |
| 1.2 研究与试验发展经费占世界比重 | 1.0 | 26 |
| 1.3 基础研究经费占全社会研发经费支出的比重 | 43.4 | 20 |
| 1.4 研究与试验发展人力投入强度 | 64.1 | 20 |
| 1.5 科技人力资源培养水平 | 49.1 | 22 |
| 1.6 世界大学排名 TOP 500 上榜高校平均得分 | 100.0 | 1 |
| **知识创造** | | **17** |
| 2.1 学术部门百万研究与试验发展经费科学论文被引次数 | 34.9 | 12 |
| 2.2 高被引论文数量占本国论文比重 | 100.0 | 1 |
| 2.3 亿美元工业增加值工业设计注册申请量 | 2.9 | 35 |
| 2.4 亿美元经济产出发明专利授权量 | 0.9 | 33 |
| 2.5 有效专利数量占世界比重 | 0.2 | 28 |
| **企业创新** | | **19** |
| 3.1 企业研究与试验发展经费与增加值之比 | 18.4 | 23 |
| 3.2 企业研究人员占全社会研究人员比重 | 53.3 | 19 |
| 3.3 三方专利数占世界比重 | 0.8 | 21 |
| 3.4 万名企业研究人员 PCT 专利申请数 | 20.5 | 9 |
| 3.5 知识产权使用费收入占服务业出口贸易比重 | 16.6 | 18 |

| | 得分 | 排名 |
|---|---|---|
| **创新绩效** | | **8** |
| 4.1 劳动生产率 | 65.6 | 14 |
| 4.2 单位能源消耗的经济产出 | 10.7 | 7 |
| 4.3 单位 $CO_2$ 排放的经济产出 | 41.1 | 9 |
| 4.4 知识密集型服务业增加值占服务业增加值比重 | 14.3 | 31 |
| 4.5 高技术和中高技术产业增加值占制造业增加值比重 | 100.0 | 1 |
| 4.6 高技术产品出口额占世界比重 | 12.7 | 6 |
| **创新环境** | | **1** |
| 5.1 法治环境 | 94.9 | 4 |
| 5.2 营商的政策环境 | 97.3 | 2 |
| 5.3 市场管制质量 | 100.0 | 1 |
| 5.4 信息化发展水平 | 98.8 | 2 |
| 5.5 风险资本可获得性 | 86.1 | 9 |
| 5.6 外商直接投资净流入与 GDP 之比 | 39.9 | 3 |
| 5.7 企业与大学研究与发展协作程度 | 86.4 | 7 |
| 5.8 创业文化 | 66.0 | 17 |

# 斯洛伐克

| 人口 / 万人 | 545.9 |
|---|---|
| 国土面积 / 万平方千米 | 4.90 |
| GDP 总量 / 亿美元 | 1067.0 |
| 人均 GDP/ 美元 | 19 545.7 |
| 单位能耗产出 /（美元 / 千克标准油） | 5.37 |
| R&D 经费投入 / 亿美元 | 9.58 |
| R&D 经费投入强度 | 0.91% |
| SCI 收录论文 / 篇 | 0.53 |
| PCT 专利申请 / 件 | 48 |
| 高技术产业占制造业出口比重 | 10.00% |

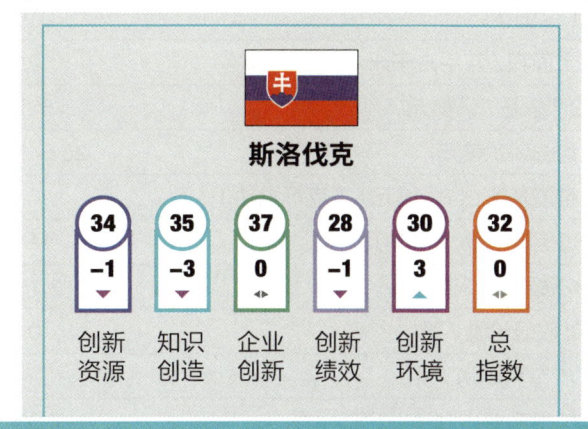

## 创新资源 — 34

| | 得分 | 排名 |
|---|---|---|
| 1.1 研究与试验发展经费投入强度 | 16.8 | 35 |
| 1.2 研究与试验发展经费占世界比重 | 0.1 | 38 |
| 1.3 基础研究经费占全社会研发经费支出的比重 | 93.6 | 3 |
| 1.4 研究与试验发展人力投入强度 | 38.6 | 32 |
| 1.5 科技人力资源培养水平 | 31.3 | 36 |
| 1.6 世界大学排名 TOP 500 上榜高校平均得分 | 0.0 | 35 |

## 知识创造 — 35

| | 得分 | 排名 |
|---|---|---|
| 2.1 学术部门百万研究与试验发展经费科学论文被引次数 | 57.2 | 13 |
| 2.2 高被引论文数量占本国论文比重 | 35.3 | 33 |
| 2.3 亿美元工业增加值工业设计注册申请数 | 6.4 | 30 |
| 2.4 亿美元经济产出发明专利授权数 | 1.2 | 28 |
| 2.5 有效专利数量占世界比重 | 0.0 | 37 |

## 企业创新 — 37

| | 得分 | 排名 |
|---|---|---|
| 3.1 企业研究与试验发展经费与增加值之比 | 9.2 | 34 |
| 3.2 企业研究人员占全社会研究人员比重 | 25.1 | 37 |
| 3.3 三方专利数占世界比重 | 0.1 | 38 |
| 3.4 万名企业研究人员 PCT 专利申请数 | 3.9 | 32 |
| 3.5 知识产权使用费收入占服务业出口贸易比重 | 1.9 | 36 |

## 创新绩效 — 28

| | 得分 | 排名 |
|---|---|---|
| 4.1 劳动生产率 | 30.5 | 28 |
| 4.2 单位能源消耗的经济产出 | 5.4 | 27 |
| 4.3 单位 $CO_2$ 排放的经济产出 | 17.6 | 28 |
| 4.4 知识密集型服务业增加值占服务业增加值比重 | 26.6 | 18 |
| 4.5 高技术和中高技术产业增加值占制造业增加值比重 | 65.8 | 19 |
| 4.6 高技术产品出口额占世界比重 | 1.0 | 25 |

## 创新环境 — 30

| | 得分 | 排名 |
|---|---|---|
| 5.1 法治环境 | 63.7 | 27 |
| 5.2 营商的政策环境 | 39.7 | 34 |
| 5.3 市场管制质量 | 64.5 | 27 |
| 5.4 信息化发展水平 | 75.1 | 30 |
| 5.5 风险资本可获得性 | 98.0 | 2 |
| 5.6 外商直接投资净流入与 GDP 之比 | 23.8 | 33 |
| 5.7 企业与大学研究与发展协作程度 | 47.1 | 38 |
| 5.8 创业文化 | 8.8 | 40 |

# 斯洛文尼亚

2022—2023 总指数排名 **28**

| | |
|---|---|
| 人口 / 万人 | 210.2 |
| 国土面积 / 万平方千米 | 2.05 |
| GDP 总量 / 亿美元 | 537.1 |
| 人均 GDP/ 美元 | 25 545.2 |
| 单位能耗产出 /（美元 / 千克标准油） | 6.57 |
| R&D 经费投入 / 亿美元 | 11.51 |
| R&D 经费投入强度 | 2.15% |
| SCI 收录论文 / 篇 | 0.52 |
| PCT 专利申请 / 件 | 81 |
| 高技术产业占制造业出口比重 | 7.80% |

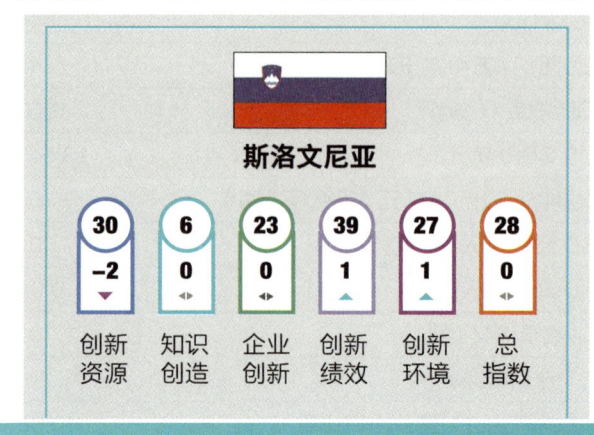

斯洛文尼亚

| 创新资源 | 知识创造 | 企业创新 | 创新绩效 | 创新环境 | 总指数 |
|---|---|---|---|---|---|
| 30 | 6 | 23 | 39 | 27 | 28 |
| −2 | 0 | 0 | 1 | 1 | 0 |

## 创新资源　　　　　　　　　　　得分　排名　　30

| | | 得分 | 排名 |
|---|---|---|---|
| 1.1 | 研究与试验发展经费投入强度 | 39.5 | 16 |
| 1.2 | 研究与试验发展经费占世界比重 | 0.2 | 37 |
| 1.3 | 基础研究经费占全社会研发经费支出的比重 | 51.8 | 13 |
| 1.4 | 研究与试验发展人力投入强度 | 75.2 | 14 |
| 1.5 | 科技人力资源培养水平 | 52.4 | 16 |
| 1.6 | 世界大学排名 TOP 500 上榜高校平均得分 | 0.0 | 35 |

## 知识创造　　　　　　　　　　　　　　　　6

| | | 得分 | 排名 |
|---|---|---|---|
| 2.1 | 学术部门百万研究与试验发展经费科学论文被引次数 | 97.8 | 2 |
| 2.2 | 高被引论文数量占本国论文比重 | 55.6 | 24 |
| 2.3 | 亿美元工业增加值工业设计注册申请量 | 8.1 | 19 |
| 2.4 | 亿美元经济产出发明专利授权量 | 8.8 | 6 |
| 2.5 | 有效专利数量占世界比重 | 0.1 | 34 |

## 企业创新　　　　　　　　　　　　　　　　23

| | | 得分 | 排名 |
|---|---|---|---|
| 3.1 | 企业研究与试验发展经费与增加值之比 | 28.8 | 15 |
| 3.2 | 企业研究人员占全社会研究人员比重 | 62.8 | 10 |
| 3.3 | 三方专利数占世界比重 | 0.1 | 36 |
| 3.4 | 万名企业研究人员 PCT 专利申请数 | 4.2 | 30 |
| 3.5 | 知识产权使用费收入占服务业出口贸易比重 | 4.2 | 32 |

## 创新绩效　　　　　　　　　　　得分　排名　　39

| | | 得分 | 排名 |
|---|---|---|---|
| 4.1 | 劳动生产率 | 35.4 | 25 |
| 4.2 | 单位能源消耗的经济产出 | 6.6 | 23 |
| 4.3 | 单位 $CO_2$ 排放的经济产出 | 20.7 | 24 |
| 4.4 | 知识密集型服务业增加值占服务业增加值比重 | 0.0 | 38 |
| 4.5 | 高技术和中高技术产业增加值占制造业增加值比重 | 0.0 | 38 |
| 4.6 | 高技术产品出口额占世界比重 | 0.3 | 34 |

## 创新环境　　　　　　　　　　　　　　　　27

| | | 得分 | 排名 |
|---|---|---|---|
| 5.1 | 法治环境 | 73.7 | 23 |
| 5.2 | 营商的政策环境 | 50.2 | 27 |
| 5.3 | 市场管制质量 | 68.0 | 24 |
| 5.4 | 信息化发展水平 | 81.8 | 26 |
| 5.5 | 风险资本可获得性 | 50.8 | 34 |
| 5.6 | 外商直接投资净流入与 GDP 之比 | 25.3 | 25 |
| 5.7 | 企业与大学研究与发展协作程度 | 63.2 | 27 |
| 5.8 | 创业文化 | 39.1 | 28 |

# 南非

| | |
|---|---|
| 人口 / 万人 | 5880.2 |
| 国土面积 / 万平方千米 | 121.91 |
| GDP 总量 / 亿美元 | 3376.2 |
| 人均 GDP/ 美元 | 5741.6 |
| 单位能耗产出 /（美元 / 千克标准油） | 2.64 |
| R&D 经费投入 / 亿美元 | 29.04 |
| R&D 经费投入强度 | 0.83% |
| SCI 收录论文 / 篇 | 1.97 |
| PCT 专利申请 / 件 | 237 |
| 高技术产业占制造业出口比重 | 5.62% |

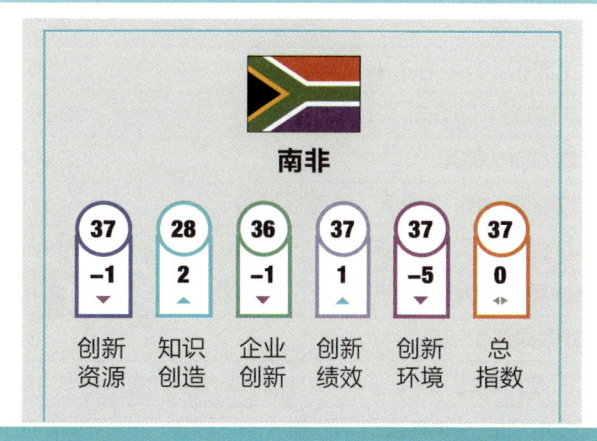

|  | 得分 | 排名 |
|---|---|---|
| **创新资源** | | **37** |
| 1.1 研究与试验发展经费投入强度 | 15.3 | 36 |
| 1.2 研究与试验发展经费占世界比重 | 0.4 | 32 |
| 1.3 基础研究经费占全社会研发经费支出的比重 | 62.1 | 8 |
| 1.4 研究与试验发展人力投入强度 | 6.8 | 38 |
| 1.5 科技人力资源培养水平 | 16.1 | 39 |
| 1.6 世界大学排名 TOP 500 上榜高校平均得分 | 48.9 | 32 |
| **知识创造** | | **28** |
| 2.1 学术部门百万研究与试验发展经费科学论文被引次数 | 45.7 | 24 |
| 2.2 高被引论文数量占本国论文比重 | 55.1 | 25 |
| 2.3 亿美元工业增加值工业设计注册申请数 | 10.5 | 17 |
| 2.4 亿美元经济产出发明专利授权数 | 1.5 | 27 |
| 2.5 有效专利数量占世界比重 | 0.5 | 19 |
| **企业创新** | | **36** |
| 3.1 企业研究与试验发展经费与增加值之比 | 3.5 | 38 |
| 3.2 企业研究人员占全社会研究人员比重 | 11.6 | 39 |
| 3.3 三方专利数占世界比重 | 0.1 | 34 |
| 3.4 万名企业研究人员 PCT 专利申请数 | 25.2 | 5 |
| 3.5 知识产权使用费收入占服务业出口贸易比重 | 4.9 | 31 |

|  | 得分 | 排名 |
|---|---|---|
| **创新绩效** | | **37** |
| 4.1 劳动生产率 | 15.4 | 36 |
| 4.2 单位能源消耗的经济产出 | 2.6 | 38 |
| 4.3 单位 $CO_2$ 排放的经济产出 | 4.6 | 40 |
| 4.4 知识密集型服务业增加值占服务业增加值比重 | 12.1 | 34 |
| 4.5 高技术和中高技术产业增加值占制造业增加值比重 | 46.9 | 27 |
| 4.6 高技术产品出口额占世界比重 | 0.2 | 36 |
| **创新环境** | | **37** |
| 5.1 法治环境 | 43.1 | 35 |
| 5.2 营商的政策环境 | 35.6 | 36 |
| 5.3 市场管制质量 | 50.0 | 33 |
| 5.4 信息化发展水平 | 60.9 | 40 |
| 5.5 风险资本可获得性 | 43.1 | 38 |
| 5.6 外商直接投资净流入与 GDP 之比 | 25.3 | 26 |
| 5.7 企业与大学研究与发展协作程度 | 61.9 | 29 |
| 5.8 创业文化 | 17.5 | 37 |

# 西班牙

2022—2023 总指数排名
**27**

| | |
|---|---|
| 人口 / 万人 | 4736.6 |
| 国土面积 / 万平方千米 | 50.60 |
| GDP 总量 / 亿美元 | 12 769.6 |
| 人均 GDP/ 美元 | 26 959.7 |
| 单位能耗产出 /（美元 / 千克标准油） | 11.78 |
| R&D 经费投入 / 亿美元 | 180.10 |
| R&D 经费投入强度 | 2.15% |
| SCI 收录论文 / 篇 | 8.12 |
| PCT 专利申请 / 件 | 1460 |
| 高技术产业占制造业出口比重 | 7.77% |

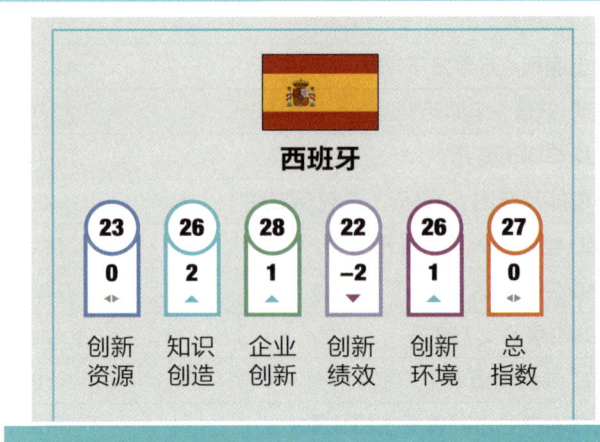

西班牙

| 创新资源 | 知识创造 | 企业创新 | 创新绩效 | 创新环境 | 总指数 |
|---|---|---|---|---|---|
| 23 | 26 | 28 | 22 | 26 | 27 |
| 0 | 2 | 1 | –2 | 1 | 0 |

## 创新资源 — 23

| | 得分 | 排名 |
|---|---|---|
| 1.1 研究与试验发展经费投入强度 | 39.5 | 16 |
| 1.2 研究与试验发展经费占世界比重 | 2.5 | 17 |
| 1.3 基础研究经费占全社会研发经费支出的比重 | 36.9 | 27 |
| 1.4 研究与试验发展人力投入强度 | 46.0 | 30 |
| 1.5 科技人力资源培养水平 | 62.5 | 7 |
| 1.6 世界大学排名 TOP 500 上榜高校平均得分 | 57.6 | 26 |

## 知识创造 — 26

| | 得分 | 排名 |
|---|---|---|
| 2.1 学术部门百万研究与试验发展经费科学论文被引次数 | 58.5 | 11 |
| 2.2 高被引论文数量占本国论文比重 | 50.8 | 28 |
| 2.3 亿美元工业增加值工业设计注册申请量 | 10.8 | 14 |
| 2.4 亿美元经济产出发明专利授权量 | 0.7 | 35 |
| 2.5 有效专利数量占世界比重 | 1.8 | 9 |

## 企业创新 — 28

| | 得分 | 排名 |
|---|---|---|
| 3.1 企业研究与试验发展经费与增加值之比 | 15.6 | 27 |
| 3.2 企业研究人员占全社会研究人员比重 | 38.9 | 31 |
| 3.3 三方专利数占世界比重 | 1.8 | 17 |
| 3.4 万名企业研究人员 PCT 专利申请数 | 9.1 | 26 |
| 3.5 知识产权使用费收入占服务业出口贸易比重 | 12.3 | 20 |

## 创新绩效 — 22

| | 得分 | 排名 |
|---|---|---|
| 4.1 劳动生产率 | 44.8 | 23 |
| 4.2 单位能源消耗的经济产出 | 11.8 | 14 |
| 4.3 单位 $CO_2$ 排放的经济产出 | 30.1 | 18 |
| 4.4 知识密集型服务业增加值占服务业增加值比重 | 17.8 | 29 |
| 4.5 高技术和中高技术产业增加值占制造业增加值比重 | 49.9 | 26 |
| 4.6 高技术产品出口额占世界比重 | 2.1 | 22 |

## 创新环境 — 26

| | 得分 | 排名 |
|---|---|---|
| 5.1 法治环境 | 69.5 | 26 |
| 5.2 营商的政策环境 | 52.7 | 25 |
| 5.3 市场管制质量 | 64.1 | 28 |
| 5.4 信息化发展水平 | 82.8 | 25 |
| 5.5 风险资本可获得性 | 69.4 | 20 |
| 5.6 外商直接投资净流入与 GDP 之比 | 26.6 | 12 |
| 5.7 企业与大学研究与发展协作程度 | 54.8 | 32 |
| 5.8 创业文化 | 62.2 | 18 |

# 瑞典

2022—2023 总指数排名 **8**

| | |
|---|---|
| 人口 / 万人 | 1035.3 |
| 国土面积 / 万平方千米 | 52.89 |
| GDP 总量 / 亿美元 | 5470.5 |
| 人均 GDP/ 美元 | 52 837.9 |
| 单位能耗产出 /（美元 / 千克标准油） | 12.32 |
| R&D 经费投入 / 亿美元 | 190.90 |
| R&D 经费投入强度 | 1.41% |
| SCI 收录论文 / 篇 | 3.63 |
| PCT 专利申请 / 件 | 4356 |
| 高技术产业占制造业出口比重 | 15.13% |

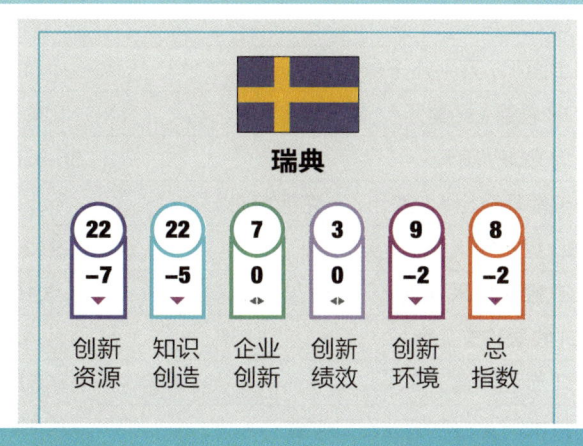

瑞典

| 创新资源 | 知识创造 | 企业创新 | 创新绩效 | 创新环境 | 总指数 |
|---|---|---|---|---|---|
| 22 | 22 | 7 | 3 | 9 | 8 |
| −7 | −5 | 0 | 0 | −2 | −2 |

| | 得分 | 排名 |
|---|---|---|
| **创新资源** | | **22** |
| 1.1 研究与试验发展经费投入强度 | 25.9 | 28 |
| 1.2 研究与试验发展经费占世界比重 | 2.6 | 15 |
| 1.3 基础研究经费占全社会研发经费支出的比重 | — | — |
| 1.4 研究与试验发展人力投入强度 | 86.7 | 6 |
| 1.5 科技人力资源培养水平 | 52.1 | 18 |
| 1.6 世界大学排名 TOP 500 上榜高校平均得分 | 79.2 | 8 |
| **知识创造** | | **22** |
| 2.1 学术部门百万研究与试验发展经费科学论文被引次数 | 50.2 | 17 |
| 2.2 高被引论文数量占本国论文比重 | 66.2 | 11 |
| 2.3 亿美元工业增加值工业设计注册申请数 | 8.1 | 21 |
| 2.4 亿美元经济产出发明专利授权数 | 3.6 | 12 |
| 2.5 有效专利数量占世界比重 | 0.9 | 15 |
| **企业创新** | | **7** |
| 3.1 企业研究与试验发展经费与增加值之比 | 50.1 | 3 |
| 3.2 企业研究人员占全社会研究人员比重 | 73.4 | 5 |
| 3.3 三方专利数占世界比重 | 4.9 | 10 |
| 3.4 万名企业研究人员 PCT 专利申请数 | 26.0 | 4 |
| 3.5 知识产权使用费收入占服务业出口贸易比重 | 45.0 | 6 |

| | 得分 | 排名 |
|---|---|---|
| **创新绩效** | | **3** |
| 4.1 劳动生产率 | 74.0 | 8 |
| 4.2 单位能源消耗的经济产出 | 12.3 | 13 |
| 4.3 单位 $CO_2$ 排放的经济产出 | 79.0 | 2 |
| 4.4 知识密集型服务业增加值占服务业增加值比重 | 64.9 | 2 |
| 4.5 高技术和中高技术产业增加值占制造业增加值比重 | 86.2 | 6 |
| 4.6 高技术产品出口额占世界比重 | 2.3 | 20 |
| **创新环境** | | **9** |
| 5.1 法治环境 | 92.9 | 8 |
| 5.2 营商的政策环境 | 69.6 | 16 |
| 5.3 市场管制质量 | 86.9 | 9 |
| 5.4 信息化发展水平 | 98.3 | 3 |
| 5.5 风险资本可获得性 | 96.3 | 3 |
| 5.6 外商直接投资净流入与 GDP 之比 | 27.0 | 9 |
| 5.7 企业与大学研究与发展协作程度 | 84.6 | 10 |
| 5.8 创业文化 | 47.5 | 26 |

# 瑞士

| | |
|---|---|
| 人口 / 万人 | 863.8 |
| 国土面积 / 万平方千米 | 4.13 |
| GDP 总量 / 亿美元 | 7399.1 |
| 人均 GDP/ 美元 | 85 656.3 |
| 单位能耗产出 /（美元 / 千克标准油） | 27.71 |
| R&D 经费投入 / 亿美元 | 213.75 |
| R&D 经费投入强度 | 3.15% |
| SCI 收录论文 / 篇 | 4.03 |
| PCT 专利申请 / 件 | 5135 |
| 高技术产业占制造业出口比重 | 12.84% |

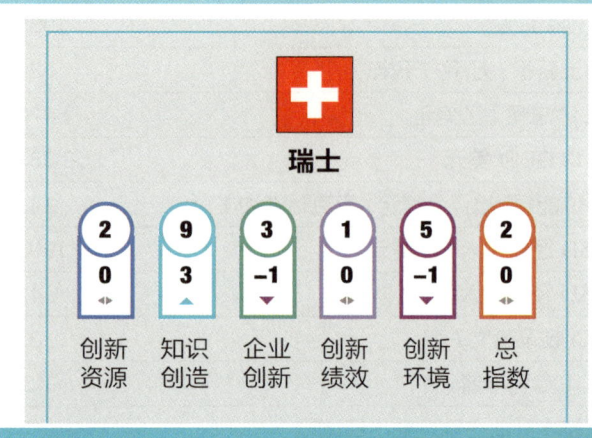

## 创新资源　　排名 2

| | 得分 | 排名 |
|---|---|---|
| 1.1 研究与试验发展经费投入强度 | 57.9 | 7 |
| 1.2 研究与试验发展经费占世界比重 | 3.0 | 13 |
| 1.3 基础研究经费占全社会研发经费支出的比重 | 99.8 | 2 |
| 1.4 研究与试验发展人力投入强度 | 93.4 | 3 |
| 1.5 科技人力资源培养水平 | 42.6 | 30 |
| 1.6 世界大学排名 TOP 500 上榜高校平均得分 | 99.8 | 2 |

## 知识创造　　排名 9

| | 得分 | 排名 |
|---|---|---|
| 2.1 学术部门百万研究与试验发展经费科学论文被引次数 | 68.0 | 8 |
| 2.2 高被引论文数量占本国论文比重 | 81.0 | 3 |
| 2.3 亿美元工业增加值工业设计注册申请量 | 5.5 | 32 |
| 2.4 亿美元经济产出发明专利授权量 | 1.2 | 29 |
| 2.5 有效专利数量占世界比重 | 1.6 | 10 |

## 企业创新　　排名 3

| | 得分 | 排名 |
|---|---|---|
| 3.1 企业研究与试验发展经费与增加值之比 | 39.0 | 10 |
| 3.2 企业研究人员占全社会研究人员比重 | 49.3 | 23 |
| 3.3 三方专利数占世界比重 | 7.5 | 8 |
| 3.4 万名企业研究人员 PCT 专利申请数 | 76.5 | 2 |
| 3.5 知识产权使用费收入占服务业出口贸易比重 | 75.6 | 3 |

## 创新绩效　　排名 1

| | 得分 | 排名 |
|---|---|---|
| 4.1 劳动生产率 | 100.0 | 1 |
| 4.2 单位能源消耗的经济产出 | 27.7 | 1 |
| 4.3 单位 $CO_2$ 排放的经济产出 | 100.0 | 1 |
| 4.4 知识密集型服务业增加值占服务业增加值比重 | 26.0 | 19 |
| 4.5 高技术和中高技术产业增加值占制造业增加值比重 | 99.1 | 2 |
| 4.6 高技术产品出口额占世界比重 | 3.9 | 15 |

## 创新环境　　排名 5

| | 得分 | 排名 |
|---|---|---|
| 5.1 法治环境 | 93.5 | 6 |
| 5.2 营商的政策环境 | 100.0 | 1 |
| 5.3 市场管制质量 | 84.6 | 11 |
| 5.4 信息化发展水平 | 97.7 | 5 |
| 5.5 风险资本可获得性 | 82.8 | 10 |
| 5.6 外商直接投资净流入与 GDP 之比 | 0.0 | 40 |
| 5.7 企业与大学研究与发展协作程度 | 97.4 | 3 |
| 5.8 创业文化 | 82.2 | 3 |

# 土耳其

2022—2023 总指数排名
**33**

| | |
|---|---|
| 人口 / 万人 | 8413.5 |
| 国土面积 / 万平方千米 | 78.54 |
| GDP 总量 / 亿美元 | 7202.9 |
| 人均 GDP/ 美元 | 8561.1 |
| 单位能耗产出 /（美元 / 千克标准油） | 4.89 |
| R&D 经费投入 / 亿美元 | 78.41 |
| R&D 经费投入强度 | 1.09% |
| SCI 收录论文 / 篇 | 4.29 |
| PCT 专利申请 / 件 | 1616 |
| 高技术产业占制造业出口比重 | 3.15% |

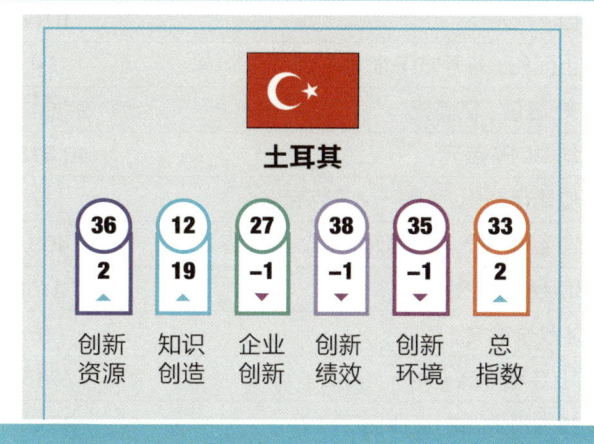

## 创新资源 — 36

| | 得分 | 排名 |
|---|---|---|
| 1.1 研究与试验发展经费投入强度 | 20.0 | 34 |
| 1.2 研究与试验发展经费占世界比重 | 1.1 | 25 |
| 1.3 基础研究经费占全社会研发经费支出的比重 | — | — |
| 1.4 研究与试验发展人力投入强度 | 22.3 | 34 |
| 1.5 科技人力资源培养水平 | 77.5 | 3 |
| 1.6 世界大学排名 TOP 500 上榜高校平均得分 | 40.4 | 34 |

## 知识创造 — 12

| | 得分 | 排名 |
|---|---|---|
| 2.1 学术部门百万研究与试验发展经费科学论文被引次数 | 50.1 | 18 |
| 2.2 高被引论文数量占本国论文比重 | 42.9 | 30 |
| 2.3 亿美元工业增加值工业设计注册申请数 | 48.9 | 4 |
| 2.4 亿美元经济产出发明专利授权数 | 4.2 | 11 |
| 2.5 有效专利数量占世界比重 | 0.6 | 18 |

## 企业创新 — 27

| | 得分 | 排名 |
|---|---|---|
| 3.1 企业研究与试验发展经费与增加值之比 | 12.1 | 30 |
| 3.2 企业研究人员占全社会研究人员比重 | 66.4 | 7 |
| 3.3 三方专利数占世界比重 | 0.4 | 26 |
| 3.4 万名企业研究人员 PCT 专利申请数 | 5.7 | 28 |
| 3.5 知识产权使用费收入占服务业出口贸易比重 | 1.4 | 38 |

## 创新绩效 — 38

| | 得分 | 排名 |
|---|---|---|
| 4.1 劳动生产率 | 18.6 | 34 |
| 4.2 单位能源消耗的经济产出 | 4.9 | 36 |
| 4.3 单位 $CO_2$ 排放的经济产出 | 9.9 | 36 |
| 4.4 知识密集型服务业增加值占服务业增加值比重 | 15.0 | 30 |
| 4.5 高技术和中高技术产业增加值占制造业增加值比重 | 31.3 | 34 |
| 4.6 高技术产品出口额占世界比重 | 0.6 | 31 |

## 创新环境 — 35

| | 得分 | 排名 |
|---|---|---|
| 5.1 法治环境 | 36.8 | 37 |
| 5.2 营商的政策环境 | 42.0 | 33 |
| 5.3 市场管制质量 | 44.7 | 35 |
| 5.4 信息化发展水平 | 69.5 | 34 |
| 5.5 风险资本可获得性 | 43.6 | 37 |
| 5.6 外商直接投资净流入与 GDP 之比 | 25.4 | 24 |
| 5.7 企业与大学研究与发展协作程度 | 54.1 | 33 |
| 5.8 创业文化 | 35.3 | 31 |

# 英国

| | |
|---|---|
| 人口 / 万人 | 6708.1 |
| 国土面积 / 万平方千米 | 24.36 |
| GDP 总量 / 亿美元 | 27 046.1 |
| 人均 GDP/ 美元 | 40 318.6 |
| 单位能耗产出 /（美元 / 千克标准油） | 17.79 |
| R&D 经费投入 / 亿美元 | 493.85 |
| R&D 经费投入强度 | 1.71% |
| SCI 收录论文 / 篇 | 15.84 |
| PCT 专利申请 / 件 | 5892 |
| 高技术产业占制造业出口比重 | 23.00% |

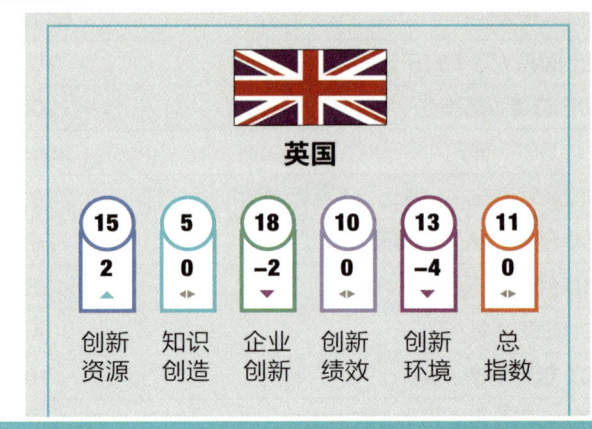

## 创新资源 — 15

| | 得分 | 排名 |
|---|---|---|
| 1.1 研究与试验发展经费投入强度 | 31.4 | 21 |
| 1.2 研究与试验发展经费占世界比重 | 6.9 | 7 |
| 1.3 基础研究经费占全社会研发经费支出的比重 | 43.4 | 19 |
| 1.4 研究与试验发展人力投入强度 | 66.6 | 18 |
| 1.5 科技人力资源培养水平 | 44.3 | 27 |
| 1.6 世界大学排名 TOP 500 上榜高校平均得分 | 84.4 | 3 |

## 知识创造 — 5

| | 得分 | 排名 |
|---|---|---|
| 2.1 学术部门百万研究与试验发展经费科学论文被引次数 | 73.8 | 7 |
| 2.2 高被引论文数量占本国论文比重 | 67.5 | 8 |
| 2.3 亿美元工业增加值工业设计注册申请量 | 50.8 | 3 |
| 2.4 亿美元经济产出发明专利授权量 | 2.6 | 19 |
| 2.5 有效专利数量占世界比重 | 3.0 | 8 |

## 企业创新 — 18

| | 得分 | 排名 |
|---|---|---|
| 3.1 企业研究与试验发展经费与增加值之比 | 24.6 | 18 |
| 3.2 企业研究人员占全社会研究人员比重 | 42.7 | 28 |
| 3.3 三方专利数占世界比重 | 9.8 | 7 |
| 3.4 万名企业研究人员 PCT 专利申请数 | 15.3 | 19 |
| 3.5 知识产权使用费收入占服务业出口贸易比重 | 24.6 | 12 |

## 创新绩效 — 10

| | 得分 | 排名 |
|---|---|---|
| 4.1 劳动生产率 | 57.0 | 19 |
| 4.2 单位能源消耗的经济产出 | 17.8 | 5 |
| 4.3 单位 $CO_2$ 排放的经济产出 | 42.4 | 8 |
| 4.4 知识密集型服务业增加值占服务业增加值比重 | 35.4 | 9 |
| 4.5 高技术和中高技术产业增加值占制造业增加值比重 | 68.3 | 18 |
| 4.6 高技术产品出口额占世界比重 | 7.7 | 10 |

## 创新环境 — 13

| | 得分 | 排名 |
|---|---|---|
| 5.1 法治环境 | 84.9 | 17 |
| 5.2 营商的政策环境 | 64.8 | 20 |
| 5.3 市场管制质量 | 81.9 | 13 |
| 5.4 信息化发展水平 | 91.4 | 12 |
| 5.5 风险资本可获得性 | 93.6 | 4 |
| 5.6 外商直接投资净流入与 GDP 之比 | 28.1 | 6 |
| 5.7 企业与大学研究与发展协作程度 | 77.1 | 18 |
| 5.8 创业文化 | 54.2 | 23 |

# 美国

| | |
|---|---|
| 人口 / 万人 | 33 150.1 |
| 国土面积 / 万平方千米 | 983.15 |
| GDP 总量 / 亿美元 | 210 604.7 |
| 人均 GDP/ 美元 | 63 530.6 |
| 单位能耗产出 /（美元 / 千克标准油） | 10.38 |
| R&D 经费投入 / 亿美元 | 7208.72 |
| R&D 经费投入强度 | 3.45% |
| SCI 收录论文 / 篇 | 49.52 |
| PCT 专利申请 / 件 | 58 431 |
| 高技术产业占制造业出口比重 | 19.48% |

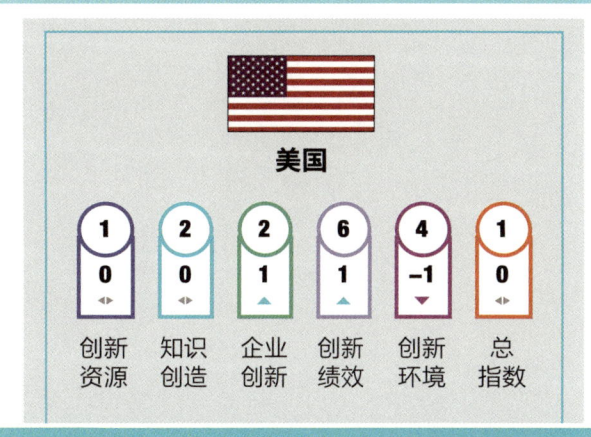

2022—2023 总指数排名 1

| | 得分 | 排名 |
|---|---|---|
| **创新资源** | | **1** |
| 1.1 研究与试验发展经费投入强度 | 63.5 | 4 |
| 1.2 研究与试验发展经费占世界比重 | 100.0 | 1 |
| 1.3 基础研究经费占全社会研发经费支出的比重 | 35.8 | 28 |
| 1.4 研究与试验发展人力投入强度 | 63.1 | 22 |
| 1.5 科技人力资源培养水平 | 59.2 | 8 |
| 1.6 世界大学排名 TOP 500 上榜高校平均得分 | 83.4 | 4 |
| **知识创造** | | **2** |
| 2.1 学术部门百万研究与试验发展经费科学论文被引次数 | 29.0 | 38 |
| 2.2 高被引论文数量占本国论文比重 | 84.9 | 2 |
| 2.3 亿美元工业增加值工业设计注册申请数 | 9.1 | 18 |
| 2.4 亿美元经济产出发明专利授权数 | 18.6 | 4 |
| 2.5 有效专利数量占世界比重 | 71.1 | 3 |
| **企业创新** | | **2** |
| 3.1 企业研究与试验发展经费与增加值之比 | 48.0 | 5 |
| 3.2 企业研究人员占全社会研究人员比重 | 73.9 | 4 |
| 3.3 三方专利数占世界比重 | 74.6 | 2 |
| 3.4 万名企业研究人员 PCT 专利申请数 | 17.5 | 14 |
| 3.5 知识产权使用费收入占服务业出口贸易比重 | 62.0 | 4 |
| **创新绩效** | | **6** |
| 4.1 劳动生产率 | 96.2 | 2 |
| 4.2 单位能源消耗的经济产出 | 10.4 | 20 |
| 4.3 单位 $CO_2$ 排放的经济产出 | 23.0 | 22 |
| 4.4 知识密集型服务业增加值占服务业增加值比重 | 35.3 | 10 |
| 4.5 高技术和中高技术产业增加值占制造业增加值比重 | 82.5 | 8 |
| 4.6 高技术产品出口额占世界比重 | 18.7 | 4 |
| **创新环境** | | **4** |
| 5.1 法治环境 | 81.6 | 19 |
| 5.2 营商的政策环境 | 85.9 | 4 |
| 5.3 市场管制质量 | 76.0 | 19 |
| 5.4 信息化发展水平 | 100.0 | 1 |
| 5.5 风险资本可获得性 | 100.0 | 1 |
| 5.6 外商直接投资净流入与 GDP 之比 | 25.1 | 27 |
| 5.7 企业与大学研究与发展协作程度 | 100.0 | 1 |
| 5.8 创业文化 | 74.0 | 9 |

# 8 附录

附录一　排名结果

附录二　国家创新指数评价理论与方法

附录三　指标解释

附录四　数据来源

## 附录一  排名结果

### 综合排名结果

| 国家 | 指数得分 | 2023年排名 | 上年排名 |
|---|---|---|---|
| 美国 | 100.0 | 1 | 1 |
| 瑞士 | 94.7 | 2 | 2 |
| 韩国 | 89.4 | 3 | 3 |
| 日本 | 86.3 | 4 | 4 |
| 荷兰 | 78.0 | 5 | 5 |
| 丹麦 | 76.2 | 6 | 6 |
| 以色列 | 75.6 | 7 | 7 |
| 瑞典 | 75.4 | 8 | 8 |
| 德国 | 72.9 | 9 | 9 |
| 中国 | 72.7 | 10 | 10 |
| 英国 | 71.6 | 11 | 11 |
| 新加坡 | 71.6 | 12 | 12 |
| 爱尔兰 | 71.4 | 13 | 13 |
| 芬兰 | 68.9 | 14 | 14 |
| 法国 | 68.9 | 15 | 15 |
| 挪威 | 68.0 | 16 | 16 |
| 比利时 | 66.5 | 17 | 17 |
| 奥地利 | 66.0 | 18 | 18 |
| 卢森堡 | 62.4 | 19 | 19 |
| 冰岛 | 61.4 | 20 | 20 |
| 澳大利亚 | 61.2 | 21 | 21 |
| 新西兰 | 60.5 | 22 | 22 |
| 加拿大 | 58.8 | 23 | 23 |
| 意大利 | 56.5 | 24 | 24 |
| 捷克 | 55.4 | 25 | 25 |
| 匈牙利 | 54.7 | 26 | 26 |
| 西班牙 | 54.2 | 27 | 27 |
| 斯洛文尼亚 | 51.3 | 28 | 28 |
| 葡萄牙 | 50.6 | 29 | 29 |
| 希腊 | 48.8 | 30 | 30 |
| 波兰 | 47.3 | 31 | 31 |
| 斯洛伐克 | 43.3 | 32 | 32 |
| 土耳其 | 42.3 | 33 | 33 |
| 罗马尼亚 | 39.6 | 34 | 34 |
| 俄罗斯 | 39.3 | 35 | 35 |
| 墨西哥 | 38.1 | 36 | 36 |
| 南非 | 36.2 | 37 | 37 |
| 阿根廷 | 35.4 | 38 | 38 |
| 印度 | 34.9 | 39 | 39 |
| 巴西 | 33.5 | 40 | 40 |

## 创新资源排名结果

| 排名 | 国家 | 指数得分（中位数61.8分） | 上年排名 | 排名变化 |
|---|---|---|---|---|
| 1 | 美国 | 100.0 | 1 | 0 |
| 2 | 瑞士 | 97.9 | 2 | 0 |
| 3 | 韩国 | 92.2 | 3 | 0 |
| 4 | 荷兰 | 81.7 | 5 | 1 |
| 5 | 丹麦 | 81.6 | 4 | −1 |
| 6 | 澳大利亚 | 76.3 | 10 | 4 |
| 7 | 日本 | 75.8 | 8 | 1 |
| 8 | 希腊 | 75.7 | 13 | 5 |
| 9 | 奥地利 | 75.6 | 7 | −2 |
| 10 | 比利时 | 73.5 | 14 | 4 |
| 11 | 以色列 | 73.4 | 9 | −2 |
| 12 | 新加坡 | 72.2 | 6 | −6 |
| 13 | 法国 | 72.0 | 12 | −1 |
| 14 | 挪威 | 71.7 | 11 | −3 |
| 15 | 英国 | 68.4 | 17 | 2 |
| 16 | 德国 | 67.5 | 16 | 0 |
| 17 | 芬兰 | 66.7 | 20 | 3 |
| 18 | 捷克 | 66.5 | 19 | 1 |
| 19 | 新西兰 | 65.8 | 18 | −1 |
| 20 | 波兰 | 62.5 | 24 | 4 |
| 21 | 中国 | 61.1 | 25 | 4 |
| 22 | 瑞典 | 60.9 | 15 | −7 |
| 23 | 西班牙 | 60.5 | 23 | 0 |
| 24 | 爱尔兰 | 59.2 | 21 | −3 |
| 25 | 意大利 | 58.5 | 26 | 1 |
| 26 | 葡萄牙 | 57.5 | 29 | 3 |
| 27 | 俄罗斯 | 56.3 | 30 | 3 |
| 28 | 加拿大 | 55.6 | 31 | 3 |
| 29 | 冰岛 | 54.9 | 22 | −7 |
| 30 | 斯洛文尼亚 | 54.1 | 28 | −2 |
| 31 | 卢森堡 | 53.4 | 27 | −4 |
| 32 | 阿根廷 | 49.4 | 32 | 0 |
| 33 | 墨西哥 | 45.7 | 34 | 1 |
| 34 | 斯洛伐克 | 44.5 | 33 | −1 |
| 35 | 匈牙利 | 42.5 | 35 | 0 |
| 36 | 土耳其 | 39.8 | 38 | 2 |
| 37 | 南非 | 36.9 | 36 | −1 |
| 38 | 巴西 | 34.5 | 37 | −1 |
| 39 | 罗马尼亚 | 25.7 | 39 | 0 |
| 40 | 印度 | 24.4 | 40 | 0 |

上升　下降　持平

## 知识创造排名结果

| 排名 | 国家 | 指数得分（中位数 41.9 分） | 上年排名 | 排名变化 |
|---|---|---|---|---|
| 1 | 韩国 | 100.0 | 1 | 0 |
| 2 | 美国 | 96.0 | 2 | 0 |
| 3 | 中国 | 83.7 | 3 | 0 |
| 4 | 日本 | 66.9 | 4 | 0 |
| 5 | 英国 | 63.8 | 5 | 0 |
| 6 | 斯洛文尼亚 | 54.9 | 6 | 0 |
| 7 | 匈牙利 | 52.3 | 11 | 4 |
| 8 | 罗马尼亚 | 51.8 | 13 | 5 |
| 9 | 瑞士 | 50.7 | 12 | 3 |
| 10 | 冰岛 | 48.6 | 7 | −3 |
| 11 | 新西兰 | 48.3 | 14 | 3 |
| 12 | 土耳其 | 47.3 | 31 | 19 |
| 13 | 意大利 | 46.6 | 21 | 8 |
| 14 | 荷兰 | 46.0 | 8 | −6 |
| 15 | 法国 | 45.3 | 15 | 0 |
| 16 | 葡萄牙 | 45.2 | 22 | 6 |
| 17 | 新加坡 | 44.8 | 10 | −7 |
| 18 | 德国 | 42.7 | 18 | 0 |
| 19 | 丹麦 | 42.6 | 16 | −3 |
| 20 | 挪威 | 42.0 | 23 | 3 |
| 21 | 希腊 | 41.8 | 24 | 3 |
| 22 | 瑞典 | 41.6 | 17 | −5 |
| 23 | 澳大利亚 | 41.3 | 29 | 6 |
| 24 | 比利时 | 39.9 | 19 | −5 |
| 25 | 以色列 | 39.9 | 25 | 0 |
| 26 | 西班牙 | 39.5 | 28 | 2 |
| 27 | 芬兰 | 39.1 | 26 | −1 |
| 28 | 南非 | 36.5 | 30 | 2 |
| 29 | 加拿大 | 36.3 | 33 | 4 |
| 30 | 卢森堡 | 35.7 | 9 | −21 |
| 31 | 奥地利 | 35.6 | 27 | −4 |
| 32 | 爱尔兰 | 35.3 | 20 | −12 |
| 33 | 波兰 | 35.1 | 34 | 1 |
| 34 | 捷克 | 32.5 | 35 | 1 |
| 35 | 斯洛伐克 | 32.3 | 32 | −3 |
| 36 | 阿根廷 | 28.0 | 38 | 2 |
| 37 | 俄罗斯 | 27.7 | 36 | −1 |
| 38 | 印度 | 27.5 | 37 | −1 |
| 39 | 墨西哥 | 20.8 | 39 | 0 |
| 40 | 巴西 | 18.4 | 40 | 0 |

上升　　下降　　持平

## 企业创新排名结果

| 排名 | 国家 | 指数得分（中位数30.3分) | 上年排名 | 排名变化 |
|---|---|---|---|---|
| 1 | 日本 | 100.0 | 1 | 0 |
| 2 | 美国 | 78.0 | 3 | 1 |
| 3 | 瑞士 | 70.1 | 2 | −1 |
| 4 | 以色列 | 63.7 | 4 | 0 |
| 5 | 荷兰 | 61.6 | 6 | 1 |
| 6 | 韩国 | 61.3 | 5 | −1 |
| 7 | 瑞典 | 56.4 | 7 | 0 |
| 8 | 德国 | 55.0 | 8 | 0 |
| 9 | 芬兰 | 46.5 | 9 | 0 |
| 10 | 卢森堡 | 43.5 | 10 | 0 |
| 11 | 冰岛 | 42.0 | 17 | 6 |
| 12 | 中国 | 41.2 | 13 | 1 |
| 13 | 法国 | 40.4 | 11 | −2 |
| 14 | 丹麦 | 39.5 | 12 | −2 |
| 15 | 奥地利 | 37.9 | 14 | −1 |
| 16 | 比利时 | 37.9 | 15 | −1 |
| 17 | 加拿大 | 33.5 | 18 | 1 |
| 18 | 英国 | 33.1 | 16 | −2 |
| 19 | 新加坡 | 31.0 | 19 | 0 |
| 20 | 匈牙利 | 30.4 | 20 | 0 |
| 21 | 爱尔兰 | 30.2 | 22 | 1 |
| 22 | 意大利 | 29.9 | 21 | −1 |
| 23 | 斯洛文尼亚 | 28.3 | 23 | 0 |
| 24 | 挪威 | 26.8 | 24 | 0 |
| 25 | 新西兰 | 26.2 | 27 | 2 |
| 26 | 捷克 | 24.7 | 25 | −1 |
| 27 | 土耳其 | 24.3 | 26 | −1 |
| 28 | 西班牙 | 22.0 | 29 | 1 |
| 29 | 澳大利亚 | 21.8 | 28 | −1 |
| 30 | 波兰 | 21.4 | 30 | 0 |
| 31 | 俄罗斯 | 20.1 | 31 | 0 |
| 32 | 葡萄牙 | 19.3 | 32 | 0 |
| 33 | 墨西哥 | 14.8 | 33 | 0 |
| 34 | 巴西 | 13.4 | 34 | 0 |
| 35 | 希腊 | 13.3 | 36 | 1 |
| 36 | 南非 | 12.8 | 35 | −1 |
| 37 | 斯洛伐克 | 11.4 | 37 | 0 |
| 38 | 印度 | 10.7 | 38 | 0 |
| 39 | 罗马尼亚 | 10.5 | 39 | 0 |
| 40 | 阿根廷 | 7.0 | 40 | 0 |

上升　下降　持平

## 创新绩效排名结果

| 排名 | 国家 | 指数得分（中位数 44.5 分） | 上年排名 | 排名变化 |
|---|---|---|---|---|
| 1 | 瑞士 | 100.0 | 1 | 0 |
| 2 | 爱尔兰 | 98.1 | 2 | 0 |
| 3 | 瑞典 | 80.8 | 3 | 0 |
| 4 | 丹麦 | 75.8 | 4 | 0 |
| 5 | 以色列 | 71.1 | 8 | 3 |
| 6 | 美国 | 67.0 | 7 | 1 |
| 7 | 德国 | 65.3 | 5 | −2 |
| 8 | 新加坡 | 65.1 | 11 | 3 |
| 9 | 挪威 | 62.8 | 6 | −3 |
| 10 | 英国 | 62.0 | 10 | 0 |
| 11 | 法国 | 60.8 | 9 | −2 |
| 12 | 韩国 | 56.7 | 19 | 7 |
| 13 | 芬兰 | 56.5 | 15 | 2 |
| 14 | 日本 | 56.1 | 14 | 0 |
| 15 | 比利时 | 55.7 | 12 | −3 |
| 16 | 荷兰 | 54.8 | 13 | −3 |
| 17 | 中国 | 54.5 | 17 | 0 |
| 18 | 奥地利 | 53.6 | 16 | −2 |
| 19 | 意大利 | 49.5 | 18 | −1 |
| 20 | 澳大利亚 | 45.9 | 21 | 1 |
| 21 | 捷克 | 43.0 | 23 | 2 |
| 22 | 西班牙 | 42.7 | 20 | −2 |
| 23 | 加拿大 | 42.5 | 25 | 2 |
| 24 | 卢森堡 | 42.3 | 22 | −2 |
| 25 | 匈牙利 | 40.8 | 24 | −1 |
| 26 | 冰岛 | 40.2 | 28 | 2 |
| 27 | 新西兰 | 38.5 | 26 | −1 |
| 28 | 斯洛伐克 | 38.3 | 27 | −1 |
| 29 | 墨西哥 | 33.2 | 30 | 1 |
| 30 | 葡萄牙 | 32.7 | 32 | 2 |
| 31 | 罗马尼亚 | 31.9 | 29 | −2 |
| 32 | 巴西 | 29.9 | 31 | −1 |
| 33 | 波兰 | 28.6 | 33 | 0 |
| 34 | 希腊 | 28.0 | 34 | 0 |
| 35 | 印度 | 25.4 | 35 | 0 |
| 36 | 阿根廷 | 22.9 | 36 | 0 |
| 37 | 南非 | 21.5 | 38 | 1 |
| 38 | 土耳其 | 21.2 | 37 | −1 |
| 39 | 斯洛文尼亚 | 19.6 | 40 | 1 |
| 40 | 俄罗斯 | 18.3 | 39 | −1 |

上升　下降　持平

## 创新环境排名结果

| 排名 | 国家 | 指数得分（中位数 81.6 分） | 上年排名 | 排名变化 |
|---|---|---|---|---|
| 1 | 新加坡 | 100.0 | 1 | 0 |
| 2 | 卢森堡 | 97.7 | 16 | 14 |
| 3 | 荷兰 | 97.0 | 5 | 2 |
| 4 | 美国 | 96.0 | 3 | −1 |
| 5 | 瑞士 | 95.4 | 4 | −1 |
| 6 | 挪威 | 94.0 | 13 | 7 |
| 7 | 丹麦 | 93.6 | 11 | 4 |
| 8 | 芬兰 | 92.6 | 2 | −6 |
| 9 | 瑞典 | 90.1 | 7 | −2 |
| 10 | 爱尔兰 | 89.2 | 22 | 12 |
| 11 | 加拿大 | 89.1 | 15 | 4 |
| 12 | 德国 | 88.3 | 8 | −4 |
| 13 | 英国 | 86.1 | 9 | −4 |
| 14 | 奥地利 | 86.0 | 21 | 7 |
| 15 | 新西兰 | 85.6 | 10 | −5 |
| 16 | 比利时 | 83.9 | 24 | 8 |
| 17 | 法国 | 82.9 | 18 | 1 |
| 18 | 冰岛 | 82.8 | 14 | −4 |
| 19 | 以色列 | 82.7 | 6 | −13 |
| 20 | 澳大利亚 | 82.3 | 20 | 0 |
| 21 | 韩国 | 80.7 | 23 | 2 |
| 22 | 日本 | 78.3 | 12 | −10 |
| 23 | 中国 | 77.1 | 17 | −6 |
| 24 | 捷克 | 75.5 | 26 | 2 |
| 25 | 匈牙利 | 73.0 | 19 | −6 |
| 26 | 西班牙 | 72.0 | 27 | 1 |
| 27 | 斯洛文尼亚 | 67.5 | 28 | 1 |
| 28 | 葡萄牙 | 66.5 | 25 | −3 |
| 29 | 印度 | 64.6 | 29 | 0 |
| 30 | 斯洛伐克 | 62.9 | 33 | 3 |
| 31 | 意大利 | 62.4 | 37 | 6 |
| 32 | 波兰 | 59.0 | 36 | 4 |
| 33 | 希腊 | 54.4 | 39 | 6 |
| 34 | 罗马尼亚 | 53.0 | 31 | −3 |
| 35 | 土耳其 | 52.5 | 34 | −1 |
| 36 | 墨西哥 | 52.0 | 35 | −1 |
| 37 | 南非 | 50.4 | 32 | −5 |
| 38 | 巴西 | 50.3 | 38 | 0 |
| 39 | 俄罗斯 | 49.2 | 30 | −9 |
| 40 | 阿根廷 | 47.4 | 40 | 0 |

上升　　下降　　持平

## 附录二　国家创新指数评价理论与方法

国家创新指数评价研究借鉴了国内外关于国家竞争力和创新评价的理论与方法。基于评价目的和创新型国家的概念内涵，从创新资源、知识创造、企业创新、创新绩效和创新环境 5 个方面构建了国家创新指数的指标体系，形成一套比较完整的评价思路和方法。

### 1. 评价目的

国家创新指数评价研究有 3 个方面的目的。

一是构建规范的国家创新能力评价指标体系，形成科学的指标解释、计算方法和分析框架，并结合评价实践不断完善，为监测评价我国创新型国家建设进程提供理论支撑。

二是基于国家创新能力评价指标体系，测算世界各国国家创新指数，为了解全球科技创新形势、追踪创新版图动态演变提供参考。

三是通过国家创新能力测算，全面、客观、准确反映中国国家创新能力在不同维度及创新链不同层面的特点，把握中国创新在世界中的位置，为我国建设创新型国家和科技强国、完善科技创新政策提供借鉴和服务。

### 2. 理论基础

国家创新指数的构建是以对创新本身的理解和对创新型国家的认识为基础的。

创新是在外部环境和政策制度影响下，涵盖从创新概念提出到研发、知识产出，再到商业化应用的完整过程，国家创新能力应体现在科技知识的产生、流动和商业化应用的整个过程及整个创新生态系统中。因此，应该从创新资源投入、创新环境营造、企业创新到创新产出与绩效影响的整个创新链主要环节来构建指标，评价国家创新能力。世界主要创新能力评价报告，如世界知识产权组织的《全球创新指数报告》、欧盟的《欧洲创新记分牌》等，均涵盖了创新链的各个环节，采用综合指数方法，考察各国综合性的创新能力。

创新是世界各国，特别是大国持续稳定发展的根本动力。世界各国的科技进步往往与经济发展并驾齐驱。从统计数据看，在全世界 200 多个国家和地区中，R&D 经费占 GDP 比重超过 1% 的国家和地区只有 35 个，其人口总数只占全球的 35% 左右，但 GDP 总量占全球的 80%。这说明经济大国的经济强弱主要取决于科技水平，而非人口资源和自然资源要素。虽然一些小国可以通过自然资源要素实现国家经济和国民财富的增长，但没有一个大国主要依赖自然资源要素而成为世界经济强国。中国作为一个大国，既没有过多资源可以出口，也不可能走经济依附型道路，以创新驱动发展、成为创新型国家并向科技强国迈进，成为必经之路。

综合世界主要竞争力和创新能力评价研究的结果，创新型国家最主要的特征是其经济社会发展方式与传统发展模式相比发生了根本变化。一个国家是否是创新型国家，取决于其经济社会发展是主要由传统的自然资源消耗和资本要素投入来驱动，还是主要由以知识创造、传播和应用为标志的创新活动来驱动。创新型国家应具备以下5个方面的能力：

（1）具有较强的创新资源综合投入能力；

（2）具有较强的知识创造、扩散和影响能力；

（3）具有较强的企业创新能力；

（4）具有较强的创新产出影响能力；

（5）具有良好的创新环境。

基于上述理论分析，本报告参考了世界主要创新能力和竞争力评价报告，从创新链各环节选取一级指标和相应的二级指标，形成国家创新指数评价指标体系，采用综合指数方法进行测算，从而对国家创新能力进行综合分析、比较与判断。

### 3. 指标选择原则

——数据来源具有权威性。基本数据必须来源于公认的国际组织机构和国家官方统计和调查。通过正规渠道定期搜集，确保基本数据的准确性、权威性、持续性和及时性。

——评价对象具有代表性。所选取的评价对象必须是科技资源投入与创新产出较大的国家，最终选取了世界上40个主要国家，其研发投入总量之和占全球的95%以上，GDP产出占全球的80%以上。

——指标具有国际可比性。选取国际通用指标构建评价指标体系，指标内涵和数据统计口径与国际规范一致。

——评价体系对于国家规模不敏感。选取指标以相对指标为主，兼顾不同规模国家在创新投入产出效率、创新活动规模和创新领域广度上的不同特点。

——定量测评与定性分析相结合。既采用定量统计指标，也采用权威的、来源可靠的定性调查指标。

——纵向分析与横向比较相结合。既有横向的国际比较，也有纵向年度变化分析。

此外，本年度报告在指标体系方面进行了较大调整，以更加突出新时期、新形势下创新质量、效益和未来发展潜力的重要性，指标选取上也考虑到与之前年度报告相比各国排名的相对稳定性。

### 指标体系

国家创新指数指标体系由创新资源、知识创造、企业创新、创新绩效和创新环境 5 个一级指标和 30 个二级指标组成。

创新资源：反映国家对创新活动的资金投入力度和创新人才资源供给能力。

知识创造：反映国家科学和知识产权的产出能力。

企业创新：反映一国企业创新活动的强度、效率和效益。

创新绩效：反映国家创新活动的经济和生态影响、驱动产业转型升级情况。

创新环境：反映创新活动开展所依赖的市场、政策、制度、文化等外部软环境。

# 国家创新指数

## 1 创新资源
- 1.1 研究与试验发展经费投入强度
- 1.2 研究与试验发展经费占世界比重
- 1.3 基础研究经费占全社会研发经费支出的比重
- 1.4 研究与试验发展人力投入强度
- 1.5 科技人力资源培养水平
- 1.6 世界大学排名 TOP 500 上榜高校平均得分

## 2 知识创造
- 2.1 学术部门百万研究与试验发展经费科学论文被引次数
- 2.2 高被引论文数量占本国论文比重
- 2.3 亿美元工业增加值工业设计注册申请量
- 2.4 亿美元经济产出发明专利授权量
- 2.5 有效专利数量占世界比重

## 3 企业创新
- 3.1 企业研究与试验发展经费与增加值之比
- 3.2 企业研究人员占全社会研究人员比重
- 3.3 三方专利数占世界比重
- 3.4 万名企业研究人员 PCT 专利申请数
- 3.5 知识产权使用费收入占服务业出口贸易比重

## 4 创新绩效
- 4.1 劳动生产率
- 4.2 单位能源消耗的经济产出
- 4.3 单位 $CO_2$ 排放的经济产出
- 4.4 知识密集型服务业增加值占服务业增加值比重
- 4.5 高技术和中高技术产业增加值占制造业增加值比重
- 4.6 高技术产品出口额占世界比重

## 5 创新环境
- 5.1 法治环境
- 5.2 营商的政策环境
- 5.3 市场管制质量
- 5.4 信息化发展水平
- 5.5 风险资本可获得性
- 5.6 外商直接投资净流入与 GDP 之比
- 5.7 企业与大学研究与发展协作程度
- 5.8 创业文化

## 计算方法

国家创新指数的计算采用国际上通用的标杆分析法。标杆分析法的原理是:对被评价的对象给出一个基准值,并以此标准去衡量所有被评价的对象,从而发现彼此之间的差距,给出排序结果。

### 1. 公式符号设定

$i=1\sim40$ 表示进行评价的 40 个国家。

$j=1\sim5$ 表示 5 个一级指标。

每个一级指标 $j$ 对应 $K^j$ 个二级指标,即

$$\sum_{j=1}^{5} K^j = 30 \text{。}$$

其中,$K^j$ 表示一级指标 $j$ 中的第 $K$ 个二级指标,在下述公式中简写为 $K$。

$\beta_{jk}$ 表示二级指标在一级指标中的权重,$w_j$ 表示一级指标在国家创新指数中的权重。在本报告中,合成指标均采用均值处理,即 $\beta_{jk}=1$,$w_j=1$。

### 2. 二级指标数据处理

对 40 个国家的 30 个二级指标原始值分别进行指标的无量纲化处理。无量纲化是为了消除多指标综合评价中,计量单位上的差异和指标数值的数量级、相对数形式的差别,解决指标的可综合性问题。

二级指标采用直线型无量纲化方法,即

$$y_{ijk} = \frac{x_{ijk} - min\ x_{.jk}}{max\ x_{.jk} - min\ x_{.jk}},$$

其中,$y$ 表示无量纲化后的二级指标值,$x$ 表示二级指标实际值。

### 3. 一级指标计算

由无量纲化后的二级指标合成一级指标 $Y_{ij}$:

$$Y_{ij} = \sum_{k=1}^{K^j} \beta_{jk} y_{ijk} \text{。}$$

一级指标得分 $\overline{Y}_{ij}$ 同样进行无量纲化：

$$\overline{Y}_{ij} = \frac{Y_{ij}}{max\ Y_{\cdot j}} \times 100 \text{。}$$

### 4. 国家创新指数计算

计算国家创新指数，并据此给出 40 个国家的排序。

$$Y_i = \sum_{j=1}^{5} w_j \overline{Y}_{ij}，$$

$$\overline{Y}_i = \frac{Y_i}{max\ Y_{\cdot}} \text{。}$$

## 附录三　指标解释

### 1. 研究与试验发展经费投入强度

研究与试验发展（R&D）经费总额与国内生产总值（GDP）的比值，反映一国创新资金投入强度。

### 2. 研究与试验发展经费占世界比重

一国 R&D 经费总额（GERD）占全世界总量的比重，反映一个国家 R&D 活动的规模大小和创新资源投入能力。

### 3. 基础研究经费占全社会研发经费支出的比重

一国基础研究经费占全社会研发经费总额的比重，反映一个国家基础研究规模大小和原始创新能力。

### 4. 研究与试验发展人力投入强度

每万人口中 R&D 人员数，反映一国创新人力资源投入强度。

### 5. 科技人力资源培养水平

采用高等教育毛入学率，即 18~22 岁学龄人口中接受高等教育的比重，反映一个国家科技人力资源的培养与供给能力。

### 6. 世界大学排名 TOP 500 上榜高校平均得分

一国的综合排名进入世界大学排行榜前 500 强高校的平均得分，用来反映一个国家科技人才培养水平和人才吸引力。数据来源于 QS 世界大学排名结果。

### 7. 学术部门百万研究与试验发展经费科学论文被引次数

SCI 收录的一国高校和研究机构科学论文的引证数（5 年累计值）与 R&D 经费总额的比值，反映一国科技投入产出效率和知识产出质量。

### 8. 高被引论文数量占本国论文比重

一国发表的论文中，累计被引用次数进入各学科前 1% 的论文数与本国论文总量的比值，反映科学研究的产出质量和影响力。

### 9. 亿美元工业增加值工业设计注册申请量

一国工业设计注册申请数量除以工业增加值（以汇率折算的亿美元为单位），反映一国的技术创造活力。

### 10. 亿美元经济产出发明专利授权量

一国的国内发明专利授权数量除以 GDP（以汇率折算的亿美元为单位），反映一个国家自主创新能力和技术产出效率。

### 11. 有效发明专利数量占世界比重

一国拥有发明专利数量占世界总量的比重。有效专利是指本国人所拥有的仍处于有效状态的发明专利数量。反映一个国家企业技术储备规模和自主创新能力。

### 12. 企业研究与试验发展经费与增加值之比

一国企业部门研究与试验发展经费与工业增加值的比值，用来测度企业创新投入强度。

### 13. 企业研究人员占全社会研究人员比重

一国全部 R&D 研究人员中企业研究人员所占的比重，反映一国企业研发人力投入的能力和水平。

### 14. 三方专利数占世界比重

一国在全球三方专利总量中所占比重。三方专利指在欧洲专利局（EPO）、日本特许厅（JPO）及美国专利商标局（USPTO）都提出了申请的同一项发明专利。该指标用来衡量国家技术创新能力和国际竞争力。

### 15. 万名企业研究人员 PCT 专利申请数

一年内 PCT 专利申请总量与企业研发人员中研究人员之比，主要反映一国企业创新投入的效率和创新产出的质量及其技术国际竞争力。

### 16. 知识产权使用费收入占服务业出口贸易比重

一国知识产权使用费收入与服务业出口贸易额的比值，主要反映一国创新主体的知识产权价值和国际市场竞争力。

### 17. 劳动生产率

一国的国内生产总值与劳动力人口之比，反映创新活动对经济产出能力的作用。

### 18. 单位能源消耗的经济产出

单位标准油能源消耗量的 GDP 产出，用来测度技术创新带来的能源消耗减少的效果，也反映一国经济增长的集约化水平。

### 19. 单位 $CO_2$ 排放的经济产出

单位二氧化碳排放量的 GDP 产出，用来反映一国发展中能源利用及相应碳排放的效益改进情况。

### 20. 知识密集型服务业增加值占服务业增加值比重

服务业中信息传输、软件和信息技术服务业，金融业，租赁和商务服务业，科学研究和技术服务业等行业的增加值占服务业增加值的比重，反映一国的知识密集型服务业发展水平，用来测度一国的知识经济产出和产业结构优化状况。

### 21. 高技术和中高技术产业增加值占制造业增加值比重

一国高技术和中高技术产业增加值与制造业增加值总额的比值，用来反映一国产业结构和技术水平。高技术和中高技术产业包括航空、航天器及设备制造，医药制造，计算机及办公设备制造，电子及通信设备制造，科学仪器制造，以及汽车及零部件制造，电气机械及电器制造，机械设备制造、铁路及其他运输设备制造等行业。

### 22. 高技术产品出口额占世界比重

一国高技术产品出口占世界出口总额的比重，反映一国高技术产品国际竞争力和技术创新活动对改善经济结构的作用。

### 23. 法治环境

一国市场主体对社会规则的信心和遵守程度的指数，特别是合约、知识产权、警察和法院的执法质量，反映一国市场经营、知识产权保护和法律维权的整体环境（1= 非常差，100= 非常好）。

### 24. 营商的政策环境

一国政府在多大程度上确保了稳定的商业政策环境（1= 非常不稳定,7= 非常稳定）。

### 25. 市场管制质量

一国市场主体对政府制定和实施促进私营部门发展的健全政策和法规的能力，反映创新主体对政府政策支持的信心（1= 非常差，100= 非常好）。

### 26. 信息化发展水平

采用美国波图兰研究所（Portulans Institute）和牛津大学赛德商学院（Saïd Business School, University of Oxford）联合发布《网络就绪度指数2022》中的各国网络就绪度指数结果，反映一个国家在知识创造与传播扩散方面的信息化基础设施条件。

### 27. 风险资本可获得性

企业有风险的创新项目一般可以得到风险投资（1=错，7=对）。

### 28. 外商直接投资净流入与GDP之比

一国外商直接净投资额与GDP（以汇率折算的亿美元为单位）的比值，用来反映一个国家的投资环境和市场吸引力。

### 29. 企业与大学研究与发展协作程度

企业与大学研究与发展合作（1=基本没有合作，7=非常密切合作）。

### 30. 创业文化

由对创业风险态度、企业管理层级结构、创新型企业发展状况、创业条件、企业对颠覆性创意的接受程度等指标构成，综合反映社会创新创业文化（1=最低水平，7=最高水平）。

## 附录四　数据来源

[1]　世界银行,《世界发展指标 2022》。

[2]　经济合作与发展组织,《主要科技指标 2022—2》。

[3]　世界知识产权组织,《专利统计数据》。

[4]　美国国家科学基金会,《科学与工程指标 2022》。

[5]　科睿唯安,《SCI 期刊文献检索数据库》。

[6]　中国科学技术信息研究所,《中国科技论文统计与分析》。

[7]　中国科学院文献情报中心。

[8]　国家统计局,《中国统计年鉴 2022》。

[9]　国家统计局、科学技术部,《中国科技统计年鉴 2022》。

[10]　国家统计局,《国民经济和社会发展统计公报》。

[11]　国家知识产权局,《专利统计年报》。

[12]　中国科学技术协会中国科普研究所。

[13]　科学技术部火炬高技术产业开发中心。

[14]　世界知识产权组织等,《全球创新指数 2022》。

[15]　Quacquarelli Symonds，QS 世界大学排名。